446

Merve Verlag

Stefan Heidenreich

~~Geld~~

Für eine non-monetäre Ökonomie

Merve Verlag

Originalausgabe

Redaktorat: Tom Lamberty

Printed in Germany

Druck- und Bindearbeiten: Dressler, Berlin

Umschlagentwurf: Jochen Stankowski, Dresden

ISBN 978-3-88396-390-7

www.merve.de

Inhalt

VORWORT

Ökonomie hat die Aufgabe, zu verteilen, was wir tun und was wir bekommen. Wir sind es gewohnt, diese Aufgabe mit Hilfe von Geld zu lösen. Aber es geht auch ohne.

Warum auf Geld verzichten? Im Medium Geld verbinden sich drei Funktion: zahlen, bewerten und speichern. In jeder monetären Ökonomie tendiert das Speichern dazu, die beiden anderen Funktionen zu dominieren. Dabei handelt es sich um eine unvermeidliche, weil im Geld angelegte Tendenz. Das Kommando »Mehr!« ist ihm von Anfang an eingeschrieben. Es drängt zu einem Zustand, in dem alle Zahlungen und jegliche wirtschaftliche Aktivität dazu dienen Tribute abzuführen. Jede Bewertung von Gütern oder Berufen verschiebt sich zugunsten der Vermögen und ihrer Vermehrung. Einkünfte und Eigentum sind immer ungleicher verteilt. Kein Wunder, beschränken sich die Maßnahmen der Zentralbanken nach der Krise 2008 auf die seitdem kontinuierlich fortgesetzte Rettung der Vermögen.

Der Entwurf einer non-monetären Ökonomie setzt der Geldwirtschaft eine fundamentale Utopie entgegen. Sie kommt ohne Geld aus, streicht das Speichern von Wert und Vermögen und ersetzt die Funktionen des Bewertens und Zahlens durch eine algorithmisch unterstützte Verteilung der Dinge und Tätigkeiten. Technisch ist das möglich, da wir inzwischen alle Transaktionen digital notieren und genügend Daten verrechnen können, um die Informationsfunktion des Marktes zu unterlaufen. In diesem Sinn stellt die non-monetäre Ökonomie eine radikale linke Utopie dar: eine Wirtschaft, die ökonomische Gleichverteilung anstrebt, indem sie das gegenwärtige System an einer fundamentalen, weil medialen Stelle umbaut.

Geld war nie das einzige Mittel, um ökonomische Prozesse zu steuern. Es gibt eine Reihe anderer Steuerungsverfahren, etwa in frühen Tempelwirtschaften oder in Unternehmen. Geld kam erst auf, als Militär und Handel über die alten Aufschreibesysteme für Kredite hinaus expandierten. Heute dagegen verfügen wir über die technischen Mittel, um Aufschreibesysteme so weit zu skalieren, dass das Geld wieder verschwinden kann. Wenn erst einmal alle Zahlungen erfasst und alle Käufe und Verkäufe verrechnet werden, lassen sich Wirtschaftsprozesse mit Hilfe von Algorithmen und künstlicher Intelligenz lenken. Zu unseren Schaden wird das nicht sein, denn es spricht einiges dafür, dass geldlose Verfahren weit bessere Ergebnisse für die Verteilung von Gütern und Tätigkeiten liefern als das heutige Finanzsystem.

Zukunftsprojektionen auf kommende Algorithmen und künstliche Intelligenzen sind mit größter Vorsicht zu behandeln. Meistens läuft vieles anders als gedacht. Fehlschläge sind die Regel. Planungen verwechseln gerne Lösungen mit Problemen. Oft erfüllen sich der Versprechungen nicht oder schlagen gar ins Gegenteil um. Das gilt allerdings auch für die mit der Technik verbundenen Befürchtungen. Künstliche Intelligenzen und Roboter, so hört man derzeit oft, werden uns die Jobs wegnehmen. Sollte weniger Arbeit nicht eigentlich eine Erleichterung darstellen? Das Problem liegt ganz offensichtlich nicht darin, dass uns Arbeit abgenommen wird, sondern dass die Gewinne des technischen Fortschritts nicht auf alle verteilt werden.

Jeder Welle technologischer Neuerung bringt den Widerspruch von Fortschritt, Überfluss und zugleich Ausschluss und Verarmung von Neuem auf. Aller Maschinenhilfe zum Trotz ist die immer wieder versprochene Gesellschaft ohne Arbeit nie gekommen. Seit es Werkzeuge und Maschinen gibt, kooperieren Menschen mit den Maschinen. Was sich dagegen immer wieder verändert, ist der Begriff des Arbeitens.

Die Idee einer Wirtschaft ohne Geld wird hin und wieder falsch verstanden. »Ohne Geld« bedeutet nicht, das Bargeld abzuschaffen oder es durch digitales Geld wie etwa Kreditkarten oder Bitcoins zu ersetzen. Es geht vielmehr darum, ganz ohne Geld oder Geldersatz, also ohne allgemeines Äquivalent auszukommen. Dinge werden keine Preise mehr haben und das Bezahlen im herkömmlichen Sinn wird es in der non-monetären Ökonomie nicht mehr geben.

Die geldlose Ökonomie stellt nicht eine technologische Zukunftsvision dar, die FinTech-Startups neue Methoden der Bereicherung erschließen soll. Ohne Geld können die Produktivitätseffekte neuer Technologien nicht dazu genutzt werden, die bestehenden Verhältnisse mitsamt ihrer ungleichen Verteilung der Reichtümer fortzuschreiben.

Wie eine Ökonomie ohne Geld im Detail funktionieren wird, lässt sich nicht vorhersagen. Vorerst geht es darum, die technische Machbarkeit zu zeigen und die nötigen Verfahren ungefähr zu skizzieren.

Das ferne Ziel liegt in Formen des Zusammenlebens von Menschen, Lebewesen, Maschinen und intelligenten Akteuren, die auf Geld und jede Ersatzform von Geld ganz verzichten. Es wird kein allgemeines Äquivalent mehr geben, keine verbindlichen Preise oder Bewertungen, wohl aber einen allgemeinen und algorithmisch vermittelten Austausch von Dingen und Tätigkeiten. Vorformen solcher Welten finden wir heute vermutlich am ehesten in Computerspielen und deren Verfahren, Handeln über Skills, Quests und Reputation organisieren.

Der theoretische Rahmen dieser utopischen Skizze stammt nicht aus den ökonomischen Wissenschaften. Vielmehr sind es medientheoretische Ansätze, die eine Abkehr vom Medium Geld nahelegen. Als Treiber der Entwicklung wird dabei nicht ein soziales Bedürfnis, sondern ein autonomer technischer Fortschritt unterstellt, also ein technisches Apriori im Sinn von Friedrich Kittler. Technologien determinieren nicht was geschieht, sondern setzen jedem sozialen Verhalten vorausgehende Bedingungen. Was dann tatsächlich in und mit den Medien gemacht wird, folgt nicht der Planung oder einem gesellschaftlichen Willen. Konstitutiv für mediale Praktiken werden vielmehr der Missbrauch, das Hacking, die Systemfehler und das laufende Ausbessern. Das bedeutet, dass wir den Übergang zu einer Gesellschaft ohne Geld nicht planen und nicht in seinen Folgen abschätzen oder vollständig entwerfen können. Es lässt sich nur nachweisen, dass eine non-monetäre Ökonomie technisch möglich ist, und untersuchen, wie die Randbedingungen und Prozesse aussehen und wo mögliche Einstiegspunkte liegen.

Wenn sich die These von einer non-monetären Ökonomie einlöst, werden wir aus einer geldlosen Zukunft auf die Arbeitswelt des 20. und beginnenden 21. Jahrhunderts mit einer Mischung aus Befremden und Mitleid zurückblicken, ähnlich wie heute auf die Zeiten der Sklaverei und der Leibeigenschaft. Unsere gegenwärtige Wirtschaftsform wird uns und unseren Nachkommen als rückständige Epoche eines um sich greifenden Finanzfeudalismus erscheinen, in der die Vermögen sich nur durch laufende Zufuhr von fiktivem Kapital, Ausbeutung, Arbeitszwang, Kontrolle und dauernde Kriege zu erhalten vermochten.

Ein Seiteneffekt der geldlosen Ökonomie soll nicht unterschlagen werden. Ohne Geld gibt es keine Vermögen und schon gar nicht die riesigen Reichtümer, die sich heute in den Händen weniger anhäufen. Was eine Person von anderen erhalten und fordern darf, entspricht auf lange Sicht dem, was sie geben will und kann, mit zwei Ergänzungen: Die Arbeit der Maschinen soll allen zugutekommen. Und: Selbst wer nichts geben kann oder will, muss trotzdem immer essen und leben dürfen.

Finanzfeudalismus, neoliberale Reformen, Plattform-Kapitalismus und technischer Fortschritt streben dem Übergang zu einer geldlosen Ökonomie von selbst entgegen. Einer kleinen Schicht von Superreichen steht einer immer größeren Anzahl technisch gut ausgebildeter und in digitalen Lebensformen aufwachsender Leute gegenüber. Je länger ihnen das Geldregime und seine Zahlungsforderungen ein glückliches Leben vorenthalten, desto eher werden sie andere Wege erproben wollen.

Widerstand allein hilft nicht. Das bloße »Nein« überlässt die Initiative den anderen. Es zeigt uns keine Lösung. Genauso wenig bringt uns die Hoffnung auf den Zusammenbruch des Kapitalismus voran, solange wir nicht wissen, was danach kommen soll.

Vertrauen in Technik allein wird uns auch nicht helfen. Denn es lässt sich nicht ausschließen, dass algorithmische Verfahren die Ungleichheiten von heute fortschreiben und vielleicht sogar verstärken. Ähnlich wie es noch im voll entwickelten Kapitalismus zu Sklaverei und kolonialer Ausbeutung kam, können digitale und datenbasierte Verfahren die Lage sogar noch verschlimmern. Ein repressiver Kontrollstaat, der alle Mittel digitaler Überwachung einsetzt, um die bestehenden Vermögensverhältnisse zu erhalten, erscheint derzeit als das wahrscheinlichste Szenario für die nähere Zukunft.

Schlechter geht immer, aber besser eben auch. Technischer Fortschritt macht menschenfreundlichere Lösungen denkbar, aber ohne die Initiative der beteiligten und betroffenen Menschen werden die Maschinen sie nicht von sich aus installieren. Eins steht fest: Nur, wenn wir uns Gedanken darüber machen, wie eine bessere Welt und eine andere Ökonomie aussehen kann, wird es uns gelingen sie durchzusetzen.

1. Verteilen

Derzeit dient Geld unter anderem dazu, Güter und Arbeit zu verteilen. In Zukunft werden wir diese Aufgaben auch anders lösen können: mit Hilfe von Netzwerken, Algorithmen und künstlicher Intelligenz. Historisch hat es sich so ergeben, dass über das Medium Geld die nötigen wirtschaftlichen Informationen gebündelt und vermittelt wurden. Heute läuft fast die gesamte Ökonomie unterm monetären Regime. Damit ist jedoch weder das Ende der Geschichte noch eine optimale Lösung erreicht. Seit Daten und Rechner groß und schnell genug sind, können wir andere, geldlose und wahrscheinlich bessere Verfahren der Verteilung ins Auge fassen. Dazu müssen wir bei Fragen der Distribution und der Allokation zu beginnen und nicht erst bei Märkten und deren monetärer Einrichtung.

Die Aufgabe, sehr viele verschiedene Dinge unter sehr vielen Beteiligten zu verteilen, stellt ein typisches Problem in Netzwerken dar. Schließlich geht es um eine Vielzahl von Verknüpfungen. Das Kernelement dieser Verknüpfungen bildet eine soziale Relation, sei es durch Gabe oder durch Hilfe oder durch Kommunikation. Was verteilt wird, sind Verknüpfungen oder »Links«.

In ökonomischen Netzwerken bilden sich Cluster, das heißt eng miteinander verbundene Bereiche des Austausches. Solche Cluster sind Firmen, Städte, Staaten oder Handelsgemeinschaften. Deren Organisationsformen hängen vom Medium der Verteilung ab. Unsere derzeitige Wirtschaft operiert mit einer Mischform von Markt, Unternehmen und Staat. In welchem Verhältnis Betriebe, Verwaltungen und Märkte zueinander stehen, ergibt sich aus den Transaktionskosten, die am Markt oder im Unternehmen anfallen. Wenn Daten digital übermittelt und verarbeitet werden, sinken die Transaktionskosten und das Verhältnis von Firmen und Märkten verschiebt sich.

Diese Verschiebung bleibt uns nicht verborgen. Die alte Struktur von Unternehmen löst sich auf. An die Stelle der tradierten Arbeitshierarchien treten flexibel vermittelte Jobs und Aufgaben, nicht nur am Markt, sondern auch innerhalb der Firmen.

Mit der Dichte und Menge an Daten verändert sich das Verhältnis von Preisen zu Information radikal. Preise bringen nur noch nachträglich zum Ausdruck, was wir über das Verhalten des Konsumenten am Markt ohnehin wissen. Wir sehen heute schon beim Buchen von Flügen, wie Preise von Algorithmen gemacht werden. Der Datenvorsprung betrifft nicht nur Endkonsumenten, sondern auch große Handelsplätze. Die sporadischen Flash-Crashs zeigen, was passiert, wenn Algos mit Aktien und anderen Papieren spekulieren. Wenn sich aus unserem Profil, unseren Likes und unserer Konsumgeschichte errechnen lässt, was wer wann kaufen wird, schnurrt der Markt auf einen singulären Moment zusammen. Im Preis liegt dann keine zusätzliche Information mehr. Formell wird die Verteilung noch auf Preise abgebildet und in Geld verrechnet, aber in den zugrunde liegenden Datenströmen zeigt sich bereits die technologische Basis einer nonmonetären Ökonomie.

Die Verteilungsfrage berührt alles: Güter, Dienstleistungen, Jobs, aber auch Informationen und Ereignisse. Nonmonetäre und algorithmische Verfahren unterscheiden sich deutlich von den alten der Planwirtschaft. Das System operiert nicht mehr in Fünfjahresplänen oder den langsamen Intervallen kybernetischer Steuerungssysteme, die es zwingen, Entscheidungen über Jahre vorweg zu nehmen. Stattdessen werden in Echtzeit Daten über Kaufverhalten und Vorlieben der Konsumenten erhoben und gehandelt. Das betrifft nicht eine ferne Zukunft, sondern ist heute schon Stand der Dinge. Aus Planungsjahren sind Mikrosekunden geworden.

Der Unterschied ist nicht nur graduell, sondern qualitativ. Denn nun regiert nicht mehr der Plan, aber auch nicht allein der Algorithmus. Die Schnelligkeit und der Vorsprung an Information sorgt dafür, dass Entscheidungen zwischen den Beteiligten vermittelt werden können. Der Algorithmus agiert in einer non-monetären Wirtschaft nicht als Auktionator, der den idealen Preis schon kennt, sondern Moderator, der zwischen den Beteiligten in einem Netzwerk vermittelt.

Wie verhalten wir uns zu den rechnerischen Verfahren der Verteilung? Die Lösung kann nicht in einer Diktatur maschineller Intelligenz liegen. Das Netzwerk darf nicht einfach eine neue Herrschaftsform werden. Wie jede neue Technologie produziert es erst einmal Fehler und Unfälle. Wir brauchen ein Verfahren, das auf Fehler positiv reagiert, das Möglichkeiten eröffnet und Entscheidungsfreiheiten erst herstellt. Diese neuen Freiheiten müssen größer sein als zuvor unter den Bedingungen des Geldes. Und zwar in dem Sinn, dass Freiheit Gleichheit mit einschließt, und sich nicht auf die Freiheit der Vermögenden beschränkt, Geld als Machtmittel zu nutzen, um die Freiheiten aller anderen einzuschränken.

Von derart gerechten, freien und fehlertoleranten Algorithmen sind wir weit entfernt. Es sieht nicht einmal so aus, als würden wir uns in die richtige Richtung bewegen, wenn man die Datenindustrie und ihre Profilingobsession auf der einen Seite und die Auswüchse des digitalen Kontrollstaates auf der anderen sieht. Das Kontrolldilemma von heute bedeutet nicht, dass jede politische Utopie auf der Basis von Netzwerken hinfällig geworden ist. Im Gegenteil. Die utopischen Modelle befinden sich erst im Entstehen. Wir können sie mit erfinden und gestalten und sollten dafür sorgen, dass sie neben politischer Gleichheit und Freiheit auch die ökonomische fordern.

In einem geschlossenen System muss sich die Verteilung sämtlicher Aufgaben und Güter unter allen Beteiligten im Ganzen aufsummieren. Man kann an alle, Maschinen, Roboter und Automaten eingeschlossen, nicht mehr verteilen als jeweils da ist. Auf den einzelnen Akteur bezogen, gibt es zwischen Automaten und Menschen einen großen Unterschied. Automaten operieren asymmetrisch. Ihr Zweck liegt im Geben, und sie nehmen nur, was für ihre Funktion nötig ist. Für Menschen dagegen gilt langfristig die Regel, dass jede und jeder einzelne insgesamt so viel Hilfe anderer in Anspruch nehmen kann, wie sie oder er gibt. Jeder und jedem steht es frei, für sich selbst ein persönliches Niveau an ökonomischer Beteiligung zu wählen. Wer mehr Leistungen anderer in Anspruch nehmen will, muss auch selbst mehr zur Allgemeinheit beitragen. Es gibt bei diesem Gleichgewicht allerdings eine Grenze. Auch die, die nichts tun können oder wollen, müssen ein menschenwürdiges Leben führen können. Eine Gesellschaft, in der immer mehr Arbeit von Maschinen erledigt wird, hat es nicht nötig, Leute auszuschließen und zu entwürdigen.

Das gilt auch global. Wir können nicht eine Hälfte der Welt in Wohlstand leben lassen und die andere im Elend.

Am Ende bleibt die Entscheidung über die allgemeinen Vorgaben der Verteilung politisch. Allein aus ökonomischen Gründen lässt sich ein Gemeinwillen nicht ableiten. Darin liegt genau ein Dilemma unserer Gegenwart, die so tut, als müsste Politik dem Primat des Ökonomischen folgen, und dabei beides zerrüttet, die ökonomische Basis wie auch die politische Willensbildung.

Was ändert sich also in einer Wirtschaft ohne Geld? An der grundlegenden Tatsache, dass wir in einer Gesellschaft gegenseitiger Unterstützung leben, in der alle füreinander etwas tun, sehr wenig. Auf der Ebene der Organisation und der persönlichen Haltung dagegen verändert sich vieles.

Vermutlich benötigen wir nicht mehr die sogenannten Unternehmen, jedenfalls nicht in ihrer jetzigen Ausprägung als von Bereicherung, Gier und leerem Effizienzkult getriebene Profitmaschinen. Dezentrale Verteilstrukturen und Organisationsformen könnten sie ersetzen, sowohl lokal als auch global.

Noch wirksamer werden die Veränderungen individuell im Haushalt der Affekte und sozial in den Formen des Zusammenlebens ausfallen. Weil das Geld in alle Beziehungen so grundsätzlich eingreift und unser Verhalten bis in kleinste Entscheidungen hinein prägt, fällt es schwer, uns ein Leben ohne Geld überhaupt auszumalen. Erst wenn wir die Rituale des Zahlens und Zählens und der damit verbundenen Selbstkontrolle los sind, werden wir rückblickend sehen, welches Zwangsregime uns das Geld auferlegt hat.

2. Transaktionen

Transaktionen bilden die Basis jeder Ökonomie. Die einfachste aller Transaktionen ist die Gabe. Eine Person (A) gibt etwas (x) an eine andere Person (B) - notiert als Tupel (A,B,x). Person bezieht sich hier auf jede Art von Akteur, die oder der oder das als handelnd auftritt, also nicht nur Menschen, sondern auch Automaten, Programme, Maschinen oder andere Lebewesen. Als Gabe wiederum kann alles gelten, was sich geben lässt, also nicht nur Waren, sondern auch Informationen, Ereignisse, Zugänge, Handlungen, Hilfeleistungen und ähnliches.

Warum soll das Geben und nicht die Arbeit als Basis der Ökonomie gelten? Aus dem einfachen Grund, dass man sehr wohl arbeiten kann, ohne Teil der Ökonomie zu werden, also ganz für sich selbst und ohne weitere Effekte für andere. Dagegen stellt eine Transaktion immer ein soziales Verhältnis her. Das macht bei der Arbeitsteilung das Teilen zur grundlegenden Handlung, und nicht die Arbeit. Ohnehin müssen wir noch genauer betrachten, was ökonomisches Tun bedeutet. Arbeit gehört zur Geldwirtschaft und der Idee bezahlter, entfremdeter Produktionstätigkeiten. Im non-monetären Feld entscheidet sich der ökonomische Wert einer Tätigkeit daran, ob und wie sie geteilt wird.

Sämtliche Formate und Strukturen des Gebens und Tauschens wie Zahlungen, Preise, Werte; Käufer, Konsum, Angebot, Nachfrage oder Märkte lassen sich auf einfache Transaktionen zurückführen. Man kann die Gesamtheit aller ökonomischen Verhältnisse von der elementaren Transaktion des Gebens her begreifen.

Das heute als Normalfall angesehene Kaufen kam in der langen Geschichte ökonomischer Verhältnisse eher spät auf, und mit ihm das Geld. Vorher waren einfache Transaktionen die Regel, also Gaben, durchaus auch erzwungene, etwa in Form von Steuern. Dass die Gaben bemessen und in Zahlenform notiert wurden, begann nicht mit dem Geld, sondern mit Aufschreibesystemen, die meistens an Tempel angeschlossen waren. Alle jene Geschichten des Geldes, die die Wirtschaft mit dem Tausch beginnen lassen, liegen nicht nur historisch falsch, sondern weigern sich, eine Ökonomie vor dem Geld anzuerkennen, und taugen deshalb auch nicht dazu, eine Ökonomie ohne Geld zu denken.

Die Entfaltung der Transaktionsformen über die einfache Gabe hinaus beginnt mit der Gegengabe. Wenn die Gabe und ihr Gegenüber verknüpft werden, kommt ein Tausch zustande. Tritt als Gegengabe ein abzählbares allgemeines Äquivalent auf, wird daraus ein Kauf. Beim Tauschen und beim Kaufen tätigen wir zwei gekoppelte Transaktionen. A gibt B etwas, und im Gegenzug B gibt A etwas zurück, entweder ein Ding oder eine Arbeit (Tausch) oder eine irgendwie notierte Zahl, die auf ein Verrechnungssystem verweist (Kauf): (A,B,x), (B,A,y) mit der Wertfunktion $f_W(x)=f_W(y)$

In einer künftigen non-monetären Wirtschaft wird uns das »Kaufen« als etwas sehr Fremdartiges erscheinen. Umgekehrt werden wir bis dahin, also solange das Geld uns im Griff hat, große Schwierigkeiten haben, uns geldlose Transaktionen überhaupt vorzustellen. Wie anderen »wilden« Kulturen auch gelten uns unsere obskuren Kulte als das Selbstverständlichste und Notwendigste der Welt.

Formal betrachtet, handelt es sich beim Geld um einen allgemeinen Platzhalter der Symmetrie von Transaktionen. Ohne Geld wird die einfache Transaktion wieder zum Basiselement der Ökonomie. Sie wird gespeichert, und zwar als solche, das heißt ohne in einem bestimmten Wert oder als Preis notiert zu sein.

»Als solche« heißt in dem Fall nicht, dass einfach notiert wird: A hat von B ein x erhalten. Wir müssten dazu das Gut x entweder bewerten oder auf eine andere Weise generalisieren. x gibt es nicht als Produkt, sondern als Position in einem Netzwerk anderer Positionen. Die Netzwerkeigenschaften umfassen eine Reihe von Vektoren, also von verketteten Zeigern. Das Vektorenbündel bildet die Herkunft des Produkts und seiner Ausgangsprodukte ab. Dazu kommen weitere Vektoren, die vergleichbare Transaktionen festhalten, zum Beispiel an anderem Ort oder zu einer anderen Zeit. Die vollständige Notation einer Transaktion würde daher ungefähr so lauten: A hat x von B erhalten, wobei x vorher durch die Hände von C, D ... ging und vergleichbare x durch E, F ... weitergegeben wurden: (A,B,(C,D,(E,F,...))). Die Rekursion durch die Transaktionen löst das Objekt x auf, und damit auch dessen vermeintlichen Wert.

Es geht uns nicht darum festzuhalten, was dieses x genau <u>ist</u>. Die Obsession, wissen zu wollen, was etwas ist, die die antike Philosophie vielleicht sogar vom damals neuen Geld abgeschaut hat, kann uns in einer geldlosen Ökonomie gestohlen bleiben. Vergesst Ontologie! Es geht nicht mehr darum, was etwas ist oder wie viel es wert ist, sondern was wir damit tun wollen. Dass in unserer Gesellschaft die sozialen Verhältnisse derart von Waren aller Art überschrieben werden, geht auf die unterm Geld organisierte industrielle Produktionsweise und damit auf die Dominanz des Warenförmigen zurück.

Unsere Fähigkeiten und Wünsche haben Netzwerkcharakter, weil Bedürfnisse und Fähigkeiten selbst schon Verbindungen darstellen. Über Fähigkeiten und Wünsche verorten wir unsere Stelle in einem ökonomischen Netzwerk des Zusammenlebens. In diesem Netzwerk finden die Transaktionen statt. Sie bilden nicht einfach ein Verhältnis zu den Dingen ab, sondern zugleich auch Formen des Zusammenlebens.

In den Verfahren der Verteilung und Notation lauert eine Gefahr. Sie können Gaben, die wir gerne und freiwillig und ohne jedes Aufrechnen verteilen, zu ökonomischen Gütern machen. Damit werden sie dem freien Geben entzogen. Gewollt oder ungewollt gerät damit die Freude des freien Gebens unter die Räder der Verrechnung. Von daher besteht eine der wichtigen Aufgaben darin, ein Verfahren der Notation zu finden, das eine Gabe, wenn gewünscht, eine Gabe sein lässt, was eigentlich verlangt, sie jedem ökonomischen Verhältnis zu entziehen.

Von der einfachen Gabe ausgehend hat sich eine Vielfalt verschiedenster Transaktionsformen entwickelt. Unter den komplexeren finden sich die Derivate der Finanzindustrie, darunter auch jene Konstruktionen, die zur letzten Finanzkrise geführt haben. Die Verträge dieser Produkte umfassen in manchen Fällen Hunderte von Seiten, um Ableitungen, Risiken, Verpflichtungen und Rechte festzuschreiben. In der Regel handelt sich dabei um von einem Basiswert abgeleitete künftige Zahlungen. Offiziell dienen die meisten dieser Kontrakte dazu, Zahlungen abzusichern, im Sinn der sogenannten Securitization. Von hier aus gibt es einen direkten Zusammenhang zum finanztechnischen Synthetisieren von Geld und Vermögen. Wenn wir Geld als eine gestaffelte Pyramide von Zahlungsmitteln unterschiedlicher Sicherheit und Verfügbarkeit (Liquidität) betrachten, entspricht der Verkauf von Risiken künftiger Zahlungen dem Herstellen von sicheren Zahlungsmitteln, also Geld. Tatsächliche Transaktionen sind dazu nicht mehr nötig. Über der Ökonomie, die den realen Austausch von Aufgaben und Güter regelt, hat sich auf diese Weise eine um vieles größere Finanzsphäre gestülpt, deren Werte gänzlich fiktiv sind.

Die Krise im Jahr 2008 hat die Zentralbanken genötigt, derart fiktive Vermögen mit tatsächlichem Geld auszulösen. Im Verhältnis von Staaten zu Banken zeigte sich bei dieser Gelegenheit, wo mittlerweile die Souveränität in Sachen Geld liegt. Seitdem haben Staaten, und damit auch Bürger, das Wirken der Finanzsphäre nicht nur hinzunehmen, sondern auch deren zerstörerische Auswirkungen zu tragen. Diese Entwicklung ist dem Medium Geld inhärent, und kann nur abgestellt werden, wenn die Souveränität eines Staates durch Gewalt wieder aufgerufen wird, wie etwa im Krieg, oder wenn wir das Geld selbst los werden.

Ein Zusammenbruch der großen Geldmaschine ist nicht zu erwarten. Stattdessen werden immer höhere Zahlungsforderungen aufgetürmt, denen auf der anderen Seite fiktive, weil nie realisierbare Vermögen entsprechen, die nur als Zahlen und Daten existieren. Dass dieses Finanzgebäude von selbst implodiert, etwa durch Beschleunigung oder Akzeleration, lässt sich unter den gegenwärtigen Bedingungen ausschließen. Solange die Zentralbanken in beliebiger Höhe intervenieren, »whatever it takes«, werden immer neue Kredite vergeben, mehr Geld als IOU

(»I owe you«) geschöpft und damit die fiktiven Vermögen gestützt. Am Ende könnten sich die Reichtümer zu derart sinnlosen Höhen auftürmen, dass sie sich allein aus Furcht und Verlustangst jede Ausübung ihrer Macht versagen müssen und damit ins Märchenhafte entrücken.

Die reale Wirtschaft müsste unter dem Wegdämmern der großen Reichtümer nicht unbedingt leiden. Wenn die geldlose Verteilung erst einmal läuft, könnten wir die statischen und unproduktiven Vermögen schlicht vergessen.

3. Medien und Netze

Wann Daten die Aufgaben des Geldes übernehmen können, hängt vom Verhältnis der Rechenkapazitäten zu den Transaktionen ab. Sobald Computernetzwerke groß und schnell genug sind, um sämtliche Zahlungsvorgänge zu verarbeiten, besteht technisch gesehen die Möglichkeit, die Funktion des Geldes algorithmisch zu emulieren. Wir stehen heute genau an dieser Schwelle. Wahrscheinlich haben wir sie schon überschritten.

Ganz neu sind geldlose Wirtschaftsformen nicht. Vor dem Aufkommen des Geldes wurden größere ökonomische Einheiten durch Aufschreibesysteme verwaltet. Deren Reste finden wir nicht nur in den Ruinen der Tempel, sondern auch in den Schuldmythen vieler Religionen. In einem der wohl bekanntesten aller Gebete fordern Christen auf aller Welt tagtäglich millionenfach ein Ende der Verschuldung: »Vergib uns unsere Schulden, wie auch wir vergeben unseren Schuldigern.« Den ökonomischen Kern dieser Zeilen haben sie leider vergessen. Mit der Umstellung von einem zentralen Aufschreibesystem auf ein dezentrales, nämlich Geld, kamen die Schuldenerlasse aus der Mode. Nicht von ungefähr, denn die vielen Gläubiger, die an die Stelle der einen Zentralmacht getreten waren, hatten mehr Interesse, Schulden einzutreiben als abzuschreiben. Das Christentum reagierte, indem es Schulden durch Sünden und den Schulderlass für alle durch die Beichte für jeden Einzelnen ersetzte, sprich durch Kontrolle.

Historisch gesehen beginnen ökonomische Verhältnisse nicht mit dem Tausch und schon gar nicht mit dem Bezahlen. Zuerst wird gegeben, geholfen, geliehen. Besitz ist unbekannt. In dörflichen Gemeinschaften reicht das Gedächtnis der Leute aus, um ungefähr nachzuvollziehen, wer wem was gegeben hat.

Erst die Erfindung der Schrift führt dazu, dass sich größere ökonomische Einheiten längerfristig organisieren lassen. Aufzeichnungen von Gaben und Schulden finden sich an sehr vielen Ausgrabungsorten alter Zivilisationen. Letztlich geht die Erfindung der Schrift auf solche Archive von Gaben und Abgaben zurück. Zusammen mit dem ersten generellen Medium und den Aufschreibesystem wachsen die neuen ökonomischen Einheiten. Die Herrschaft dieser Aufschreibeökonomien, meistens um Tempel und Städte, kann sich genau so weit ausdehnen, wie ihre Macht reicht Abgaben einzutreiben.

Geld kommt erst später. Im streng technischen Sinn ist es kein Medium, sondern ein Verfahren, das verschiedenste Medien einsetzt, um Aufschreibsel transportabel zu machen und read-only zu prozessieren. Für die Ökonomie bedeutet das Geld eine grundlegende Neuerung, da es die einfache Transaktion der Gabe in einen symmetrischen Tausch auflöst. Wenn jemand für den Erwerb eines Dinges bezahlt, bleibt kein Rest. Es muss nichts mehr notiert werden. Geld spart Daten.

Die Expansion des Geldes läuft parallel zu kriegerischen und expansiven Staatswesen, die mit Hilfe des Geldes einen Kreislauf von Steuern, Sold und Versorgung der Armee in Gang setzen.

Über der Zirkulation der Güter und Arbeiten baut sich nun langsam ein verschachteltes Gebäude von mehr oder weniger geldnahen Notationsformen für Zahlungen und Zahlungsversprechen auf, von der Münze zum Schuldschein, dem Wechsel, dem Papiergeld bis hin zu digitalen

Geldern. Am Ende sind wir wieder bei einem Aufschreibesystem gelandet, das nicht nur sämtliche Zahlungen notiert, sondern dazu auch noch die abenteuerlichsten Derivate und Wetten auf Zahlungsversprechen konstruiert. Dass Geld Daten komprimiert, interessiert nicht mehr, seit wir genug Daten prozessieren können.

Peer-to-Peer Gelder und Kryptowährungen fügen diesem System nichts grundsätzlich Neues hinzu. Bei Bitcoins handelt es sich nach wie vor um Geld, auch wenn es einer zentralen Institution entzogen ist. Auf dem Weg zur Abschaffung des Geldes stellen sie lediglich einen Umweg dar. Denn das Prinzip der Zahlung erhalten auch digitale und P2P-Zahlungssysteme aufrecht. Sie bilden einfach nur das alte Geld auf das neue mediale Fundament eines verteilten Netzwerks ab. Das entspricht der ersten Stufe eines medialen Umbruchs.

In der Medientheorie ist seit Marshall McLuhan die Regel geläufig, dass neue Medien erst einmal alte Inhalte abbilden. Wir haben es bei medialen Umbrüchen demzufolge oft mit einem zweiphasigen Ablauf zu tun. Erst findet die Abbildung das Alten im Neuen statt, wie in unserem Fall durch Bitcoin als Netzwerk-Abbild des Geldes. Erst in einer zweiten Phase stellt sich heraus, welches Eigenleben sich im neuen Medium entfalten kann. Dieser Schritt steht für das Geld noch aus. Er liegt in der Übernahme der ökonomischen Funktionen des Geldes durch intelligente Netzwerke.

Bemerkenswerter als die bloße Imitation von Geld erscheint an den P2P-Währungen die Architektur im Hintergrund, die sogenannte Blockchain. Sie legt die Basis für ein dezentrales Verwaltungsverfahren, über das Transaktionen anonym vermittelt und überprüft werden. Das

Verfahren taugt für Geld genauso gut wie für andere geldlose und dezentrale Notationssysteme. Damit stellt die Blockchain einen möglichen Baustein für eine Ökonomie nach dem Geld dar.

Die zweite Phase eines medialen Wandels betrifft die Frage, wie eine geldlose Ökonomie entstehen und wodurch genau sie das Geld ablösen könnte. Die technische Entwicklung lässt hier viele Möglichkeiten offen. Wir haben es nicht mit einem fest bestimmten Weg zu tun, der deterministisch medialen Vorgaben folgt. Technologischer Fortschritt eröffnet Möglichkeiten für künftige Aktivitäten, im informationsökologischen Sinn »Affordances«. Sie werden in der Regel in einem chaotischen Prozess voller Widersprüche erschlossen. Was den Wandel voranbringt, sind nicht Pläne oder Folgenabschätzungen, sondern im Gegenteil der Missbrauch der Möglichkeiten, die Gegenkultur, das Hacking und das Nutzen von Fehlern und Lücken. Das gilt auch für eine Ökonomie nach dem Geld. Wir werden sie nicht planen können. Sie wird in den Nischen und obskuren Ecken der Netzwerke aufkommen und sich von dort aus ausbreiten.

Nicht alles am Geld muss in einer geldlosen Ökonomie ersetzt werden. Vielmehr können einiger Vorteile des Geldes in geldlosen Systemen erhalten bleiben. Das betrifft vor allem die auf Zukunft und Fortschritt gerichtete Energie, die Einfachheit, die Anonymität und die Unabhängigkeit von separierten Gemeinschaften oder Communities.

Die wohl wichtigste Errungenschaft des Geldes lag darin, über das Umfeld von Freunden und Bekannten hinaus zu reichen. Damit hat es uns aus den kleinen Zusammenhängen des gemeinschaftlichen Wirtschaftens befreit. Gemeinschaften von Verbrauchern und lokalen Produzenten mögen für manche Güter Sinn machen. Aber die Vorteile der globalen Arbeitsteilung darf eine geldlose Ökonomie nicht aufgeben. Allerdings sollten diese Vorteile auch alle Beteiligten erreichen, und nicht nur die Wohlstandsphäre des sogenannten Westens auf Kosten weiter Zonen des übrigen Globus, die im Elend gehalten werden.

Die Einfachheit des Geldes bedeutet, dass wir irgendwo hingehen, etwas nehmen, bezahlen und gehen können. Niemand muss wissen, wer wir sind (auch wenn sich mittlerweile alle möglichen Datenhändler dafür interessieren). Wir brauchen nicht lange verhandeln, müssen nicht erst Freundschaften schließen oder pflegen. Wir müssen nichts über die Person wissen, der wir etwas verkaufen oder von der wir etwas erhalten. Die andere große Errungenschaft des Geldes ist hiermit verknüpft. Geld verbindet Fremde. Es kennt keine sozialen Unterschiede. Es macht erst einmal alle gleich.

Eine geldlose Ökonomie wird sich nur dann durchsetzen, wenn sie der großen Mehrzahl aller Beteiligten mehr Wohlstand und ein besseres Leben verspricht als das Regime des Geldes. Das dürfte nicht übermäßig schwerfallen, angesichts des Zustands des Finanzsystems, der wachsenden Ungleichheit und der Verarmung weiter Schichten unserer Gesellschaft. Der Konstruktionsfehler liegt im Geld selbst. Ganz wie schon von Aristoteles vorhergesagt, liegt sein Endzweck in der Vermehrung. Es dient zusehends nur noch dem einen Zweck, von allem, was wir tun und bezahlen, einen Tribut zur Vermehrung der Reichtümer abzuziehen.

Vom Verschwinden des Geldes sind wir nicht mehr so weit entfernt. Wie Datensysteme Geldwerte aushebeln, lässt sich heute schon an vielen Stellen beobachten. Je granularer und genauer sich Verhalten und Gegebenheiten erfassen lassen, desto exakter passt sich der Preis der Situation an. Das lässt sich bis zur Berechnung eines optimierten Wertes durchziehen, der für einen bestimmten Konsumenten an einem bestimmten Ort und zu einer bestimmten Zeit gilt. Wir haben es dann nicht mehr mit einem transparenten Markt zu tun, in dem Preise eine Information darstellen. Der Informationsvorsprung liegt mittlerweile auf der anderen Seite. Nicht mehr der Preis liefert Daten, sondern die Daten errechnen den Preis. Wenn wir für jeden einzelnen Konsumenten zu jedem Zeitpunkt feststellen können, wie viel Geld sie oder er für ein bestimmtes Gut auszugeben bereit wäre, dann überflügelt die Kalkulation der Daten den Markt und zersplittert die Preisfindung in unzählige momentane Lösungen. In dem Moment wird der Preis zum Ausdruck eines Netzwerkzustands.

Wir haben diesen Zustand schon fast erreicht, in technischer Hinsicht auf jeden Fall. Die bekanntesten Vorläufer finden sich in den volatilen Preisen für Flüge. Wir finden sie aber auch auf höherer Abstraktionsebene, nämlich im Bereich der Wirtschaftssimulationen und ihrer Modelle. Die großflächig aggregierenden Ansätze dynamisch-stochastischer Gleichgewichte (DSGE) werden mehr und mehr durch agentenbasierte Simulationen einzelner Akteure und deren Verhalten abgelöst.

Die ökonomischen Modelle folgen den technischen Möglichkeiten der Datenverarbeitung, nicht umgekehrt. Je mehr Daten wir haben und verarbeiten können, desto granularer, kleinteiliger und präziser werden nicht nur die

Modelle, sondern auch die Theorien. Es ist eine Frage der Zeit, bis die Simulation dem Geldverkehr so weit voraus eilt, dass sie unsere Wirklichkeit vom Geld befreit.

Die Tatsache, dass wir alle Transaktionen verfolgen können und dass Geld sich damit technisch erübrigt, bedeutet nicht, dass alle Probleme der Vorhersage gelöst sind. Agentenbasierte Modellierung, also die Simulation des Verhaltens einzelner Akteure, räumt zwar mit manchen Unzulänglichkeiten der alten aggregierten Berechnungen auf, löst aber das Planungsproblem nicht grundsätzlich. Ökonomische Vorhersagen ähneln denen des Wetters. Wir gewinnen durch bessere Modelle und mehr Daten an zwei Seiten neue Erkenntnisse. Im Kurzfristbereich erhöht sich die Reichweite und Zuverlässigkeit. Auf lange Sicht droht eine Klimakatastrophe.

Wir können von den algorithmischen Modellen der Ökonomie etwas Ähnliches erwarten. Eine kurzfristige Simulation umgibt jede einzelne Person mit einem Datenschatten und einer akkuraten Verhaltensvorhersage. In der langfristige Perspektive begleiten künstliche Intelligenzen die politischen Entscheidungen. Der Unterschied zum Klima ergibt sich aus der Tatsache, dass wir Politik im Gegensatz zum Wetter leichter beeinflussen können, aber das muss kein Vorteil sein.

4. Matching

Das Matching ist der wichtigste Vorgang in einer geldlosen Ökonomie. Es übernimmt Funktionen, die ansonsten durch Preise und am Markt gesteuert werden. »To match« meint so viel wie Zuordnen, Zuweisen oder Verknüpfen. Da mit dem Vorgang aber weder eine »Ordnung« noch eine »Weisung« verbunden ist, trifft das englische Wort die Sache am besten.

Der Matchingprozess dient dazu, bei einer Transaktion alle Beteiligten und deren Wünsche, Bedürfnisse, Möglichkeiten, Fähigkeiten und Angebote zusammen zu bringen, um zwischen ihnen zu vermitteln, bei der Entscheidung beratend zur Seite zu stehen, die Verhandlungen zu begleiten und das Resultat zu notieren.

Theorien von Algorithmen und Netzwerken bezeichnen mit Matching jede Zuordnung von Elementen zweier verschiedener Mengen. Bei diesen Elementen kann es sich in unserem Fall um Dinge oder Personen oder Ereignisse oder Zeitpunkte oder Orte oder Objekte aller Art handeln. Es ist keineswegs ausgeschlossen, dass Elemente derselben Menge miteinander gematcht werden, also etwa zwei Menschen bei der Vermittlung von Partnern, ein Team von Programmierern für die Entwicklung eines Projektes, oder Lastwagen und Container für einen Transport.

Formell gesehen vermittelt das Matching eine bedingte Gabe in einer netzwerkförmigen Umgebung. Das Ergebnis lässt sich als Differenz zwischen dem Vorher- und einem Nachher-Zustand beschreiben, wobei jede gematchte Transaktion Effekte über alle unmittelbar Beteiligten hinaus hat, wenn auch kleine. Die Umgebung umfasst alle Verbindungen und Informationen, die in das Matching eingehen, im Verlauf verarbeitet und beim Abschluss notiert werden. Dabei werden alle laufenden Entscheidungen berücksichtigt, sowohl von der Geben-Seite, der Nehmen-Seite, als auch vom gegebenen Gut und betroffenen Dritten. Zu den Faktoren gehören vergleichbare Transaktionen, die Geschichte der Transaktion im Profil der Beteiligten, sowie deren Wünsche, Bedürfnisse und Fähigkeiten.

Das Matching verarbeitet alle diese Parameter, um eine oder mehrere mögliche Lösungen vorzuschlagen. Es tritt dabei nicht als Auktionator auf, sondern als Mediator. Das heißt, es ist nicht das Ziel, die beste Lösung zum idealen Preis zu berechnen und es dabei zu belassen, sondern es geht darum, zwischen einer Reihe von Interessen zu vermitteln. Das Matching skaliert dabei je nach Bedarf. Nicht alle Optionen müssen immer ausgeschöpft werden. Für Dinge des täglichen Gebrauchs wird es zur Formsache und nimmt dann weniger Zeit in Anspruch als heute das Bezahlen. Betrifft das Matching dagegen einen weiter reichenden politischen Prozess, erstreckt es sich auf all die Gremien, Behörden und Interessierten, die auch heute daran beteiligt wären und wird sich daher ähnlich lang hinziehen.

Entscheidende Begriffe für das Matchingverfahren sind das »Vorschlagen« und »die Regel«. Vorschlagen meint, dass der Matchingalgorithmus keine Entscheidungen vorgibt, sondern zusammen mit allen Beteiligten eine Lösung sucht. Daher auch der Verzicht auf Begriffe wie »zuordnen« oder »zuweisen«. Wir haben es eher mit einem Hin und Her zu tun, in dessen Verlauf zwischen allen Beteiligten ein Ergebnis ausgehandelt wird. In vielerlei Hinsicht ähnelt das den Kaufentscheidungen, wie wir sie heute schon kennen, nur mit dem Unterschied, dass Preise fehlen.

Dem, was wir uns unter Matching vorzustellen haben, kommen heute am ehesten die Verfahren von Dating-Apps nahe. Um eine geeignete Verknüpfung zu finden, benötigen wir weder eine Kalkulation der Kosten noch Preisangaben. Es genügt, wenn beide Seiten zueinander passen.

Das Matching macht auf dem Weg zur Entscheidung Vorschläge, zeigt Gelegenheiten und begleitet den Findungsprozess. Mag sein, der Algorithmus wird vorausschauend aktiv, bevor wir überhaupt daran denken, etwas Bestimmtes zu wollen. Manche Empfehlungs-Apps tun das heute schon, indem sie unsere Wünsche auswerten und vorausahnen. Ob wir diese Einflussnahme wollen oder nicht, ist vielleicht eine hypothetische Frage. Je mehr Vorteile sich die Leute von den Algorithmen versprechen, desto eher werden sie darauf zurückgreifen. Auf diese Weise entstehen sozial anerkannte Verhaltensmuster von selbst. Zukunft, Gegenwart und Vergangenheit medialer Veränderungen sind an ihrer Basis nie einer sozialen Absicht unterstellt, sondern immer von technischen Eigendynamiken angetrieben.

Das Festlegen von Regeln, nach denen das Matching ablaufen soll, berührt letztlich politische Fragen, also Entscheidungen einer Allgemeinheit von Betroffenen. Bevor wir die politische Perspektive erwägen, noch ein Wort zur programmiertechnischen Stelle dieser Regeln.

In Planwirtschaften oder kybernetischen Systemen wie etwa dem Cybersyn-Versuch in Chile ließ man einen festen Algorithmus nach bestimmten Eingabewerten, Feedback-Schleifen und vorab festgelegten Variablen eine Simulation kalkulieren. Mit derart starr im Voraus programmierten Abläufen werden wir es beim Matching kaum mehr zu tun haben. Dazu ist die Entwicklung neuer Methoden jenseits des klassischen Programmierens zu weit fortgeschritten und die Menge an verfügbaren Daten zu groß.

Komplexe Netzwerkprobleme werden mehr und mehr mit Hilfe von Künstlicher Intelligenz gelöst. Die Prozesse werden nicht mehr programmiert, sondern auf gewünschte Resultate hin trainiert. Wie genau die KI zu ihren Ergebnissen kommt, welche Routinen sie entwickelt, welche Faktoren sie hinzuzieht und wie sie sie gewichtet, ist nicht mehr vorgegeben. Wir wissen daher nicht mehr genau, wie der Rechner zu seinem Resultat kommt, welche Parameter einfließen und welche Prozesse auf dem Weg ablaufen.

Die Regeln erhalten damit eine neue Stelle. Sie beziehen sich nicht mehr auf Variablen und Programm-Routinen, sondern auf Ergebnisse und auf Verhalten. Nach wie vor allerdings stellen die Vorgaben für das Training einer KI politische Setzungen dar, denn sie betreffen die Ökonomie als soziales Verhältnis. Sie können jederzeit verändert werden, wobei das damit verbundene »Umlernen« in Systemen künstlicher Intelligenz derzeit noch eine große Herausforderung darstellt.

Dass die Ökonomie ein politisches Fundament hat, stellt keine neue Erkenntnis dar. Ökonomische Regeln haben immer politische Auswirkungen, nur wird uns leider das Recht der Mitsprache weitgehend vorenthalten. Wir wurden nie gefragt, ob wir in einer auf der Leittugend der Gier gegründeten Gesellschaft leben wollten. Die herrschende Lehre, oder vielleicht besser die ökonomische Theorie der

Herrschenden, hat sich auf die »There is no Alternative«-Position zurückgezogen. Grundregeln wirtschaftlichen Verhaltens sind damit der politischen Diskussion entzogen. Gleichzeitig verfolgt die Wirtschaftswissenschaft, ganz im Sinn der eigenen ökonomischen Optimierung, das Ziel, ihren Kunden, sprich den Studierenden möglichst gut bezahlte Posten zu verschaffen – sie also in die Praxis und Rhetorik der Vermögenden einzuüben, deren Diener sie werden sollen. Auf genuin wissenschaftliche Erkenntnis muss sich eine nach ihren eigenen Regeln gemanagte Wirtschaftswissenschaft nicht einlassen. Dass Mainstream-Theorien die Wirklichkeit schlecht beschreiben, zur Vorhersage von Krisen nicht taugen und in der Anwendung zu katastrophalen Ergebnissen führen, tut nichts zur Sache, solange die Absolventen fürstlich entlohnt werden. Selbstverständlich will sich dieses »Expertenwissen« keiner demokratischen Debatte aussetzen.

In einer Ökonomie ohne Geld müssen ökonomische Vorgaben wieder Gegenstand der Politik werden. Schließlich geht es darum, das Zusammenleben der Menschen zu organisieren. Eine politischere Frage gibt es kaum.

Welche Vorgaben wir den Automaten der künstlichen Intelligenz machen wollen, ist bereits Gegenstand laufender politischer Diskussionen. Vermutlich wird es so etwas wie ein Menschen- und Maschinenrecht einer geldlosen Ökonomie geben, das das Recht auf angemessene, gleiche und allgemeine Beteiligung am wirtschaftlichen Leben beinhaltet.

Beim Entwurf künftiger Regeln ist immer daran zu erinnern, welchen Vorgaben unsere Ökonomie heute folgt: das oberste und alles andere überschreibende Gesetz ist derzeit das der Bereicherung, des Profits. Ich will hier nicht weiter gehen, als einige Alternativen zu nennen, die mit ziemlich großer Sicherheit menschenfreundlicher wären: der größte allgemeine Nutzen oder die größte allgemeine Zufriedenheit – wobei es in beiden Fällen nicht einfach wird, den Erfolg zu messen.

Konkreter lassen sich allgemeine Regeln fürs erste nicht fassen. Es geht hier nur darum, den Ort, den Rahmen und die Notwendigkeit solcher Regeln überhaupt zu benennen. Der Rahmen wird nicht ein für alle Mal feststehen. Denn die technische Entwicklung steht nicht still, sondern geht voran. Wir werden es also mit einer fortschreitenden Entwicklung neuer Prozesse und Verfahren zu tun haben. Daher macht es keinen Sinn, für das künftige Zusammenleben von Menschen, Maschinen und Algorithmen feste Vorgaben machen zu wollen.

Eine geldlose Ökonomie lässt sich ohne eine große Menge an Daten nicht verwirklichen. Das Matching lebt davon. Das bringt uns zu der Frage, auf welche Art und Weise wir mit diesen Daten umgehen wollen. Zwei Grundrechte sollten gelten: jede und jeder einzelne sollte ein Recht auf die eigenen Daten besitzen, also auf sämtliche Daten, die sie oder er erzeugt und die sich auf sie oder ihn beziehen. Öffentliche Daten und solche von öffentlichem Interesse sollten dagegen allen Betroffenen zugänglich gemacht werden. Diese zentrale Forderung verlangt ziemlich genau das Gegenteil von unserem gegenwärtigen Zustand, in dem persönliche Daten als Rohstoff in den Besitz der großen Plattformen übergehen, während öffentlich interessante Daten oft geheim gehalten werden und erst als Leak die nötige Verbreitung finden.

Das Matching selbst wird wie jede andere wohlkonstruierte Funktion die Daten aller Beteiligten kapseln, also verschlüsselt erhalten, mit der Transaktion verändern und wieder verschlüsselt aushändigen. Derart gekapselt, kann der Matchingprozess die Profile aller beteiligten Personen, Dinge und Güter Informationen einsehen und Transaktionen aushandeln, ohne dass Dritte mitlesen. Soweit jedenfalls das Ideal, von dem wir uns heute jeden Tag weiter entfernen.

Von den Anwendern aus betrachtet, beginnt jedes Matchingverfahren meistens mit einem Wunsch oder einem Bedürfnis. Der Algorithmus schlägt daraufhin verschiedene Lösungen vor. Falls eine davon passt, werden die anderen Beteiligten, also etwa Produzenten, Anbieter, Erfinder, Maschinen oder Algorithmen angesprochen. Für den Fall, dass man sich einigt, wird die Transaktion durchgeführt und notiert. Der Impuls zum Matching kann von jeder der vier beteiligten Seiten ausgehen – also vom Interessierten, vom Anbieter, vom Produkt selbst oder auch vom Algorithmus.

Die meisten Schritte eines Matchings sind uns im Grunde vertraut. Wir führen sie ständig aus, wenn wir etwa im Netz nach etwas suchen oder etwas selbst anbieten und verkaufen.

Das Matchingverfahren umfasst ein ganzes Bündel an Funktionen rund um eine Transaktion. Ob uns diese Funktionen in einem einheitlichen Rahmen begegnen oder aufgespalten in eine Vielzahl von Apps, bleibt sich von der Seite der geldlosen Ökonomie her gleich. Der entscheidende Umstand liegt darin, dass das Matching nicht mehr mit Geld operiert, sondern Verteilung direkt organisiert. Das bedeutet auch, dass Transaktionen zwar notiert und gespeichert, aber nicht in festen Preisen bewertet und abgerechnet werden.

Matching ist an sich nichts Neues. Auch innerhalb einer mit Geld operierenden Ökonomie findet es laufend statt. Wenn wir Dinge kaufen oder jemand uns für Arbeit bezahlt, werden ebenfalls Zuordnungen getroffen. Sie folgen nur anderen Regeln als in einer geldlosen Welt. Ohne Geld fällt das Selektionskriterium eines einfachen und eindimensionalen Wertes weg. Stattdessen steht eine ganze Reihe verschiedener Entscheidungsfaktoren zur Verfügung.

Betrachten wir für einen Moment, wie Matching unter Geldbedingungen abläuft. Angenommen, wir gehen in einen Laden und kaufen etwas ein. Das Produkt hat in dem Moment bereits eine Geschichte hinter sich. Jemand hat es gestaltet, andere haben es hergestellt, der Laden hat es im Sortiment, weil mit Kunden wie uns zu rechnen war. Unserem Kauf gehen also etliche Entscheidungen voraus, die alle mit dem Austausch von Information verbunden sind.

Bevor wir die Ware tatsächlich nehmen und bezahlen, führen wir eine mehr oder weniger intensive Beratung mit uns selbst durch, um Kosten, Guthaben, Wünsche und Bedarf abzuwägen. Dieses internalisierte Matching kann von Mensch zu Mensch und von Umständen zu Umständen sehr verschieden ablaufen. Manche müssen jeden Cent bedenken, andere sind davon weitgehend befreit. Auch in einer geldlosen Ökonomie werden nicht alle in jedem Fall von derartigen Abwägungen erlöst sein. Unerfüllte Wünsche wird es weiter geben, genauso unerfüllbare. Wir werden uns auch in einer Wirtschaft ohne Geld nicht alles beschaffen können, was uns unterm Geldregime verwehrt wird. Nur die Bedingungen und Abläufe werden sich ändern, und zwar gründlich und zum Besseren.

Ob mit oder ohne Geld, unsere persönliche Entscheidung ist immer in einem weiteren Informationskreislauf eingebunden. Unser Kauf sendet die Information, dass mehr vom gleichen Gut benötigt wird. Sie bündelt sich mit ähnlichen Informationen beim Händler und erreicht von dort die Produzenten. Parallel zum Fluss des Geldes und der Zahlungen gibt es immer noch einen zweiten Strom von Information, der steuert, wie Produktionswege organisiert und Güter verteilt werden. Das Matching dockt direkt an diesen zweiten Informationsfluss an.

Bei geldlosen Verteilungsverfahren handelt es sich nicht um abwegige Science-Fiction-Träumereien, sondern um Abläufe, die sich an den verschiedensten Stellen unserer derzeitigen Wirtschaft bereits im Einsatz befinden. Unternehmen organisieren ihre Produktion ohne Geld, freie Software-Projekte die Zusammenarbeit und Gamer gemeinsame Quests.

Mittlerweile erstrecken sich derartige non-monetäre Informationsketten weit über ein Unternehmen oder ein einzelnes Projekt hinaus. Manchmal reichen sie über die gesamte Distanz vom Käufer bis zum Designer über alle Stufen der arbeitsteiligen Produktion hinweg. Beispiele solcher geldloser Informationskanäle gibt es zuhauf, wenn etwa Kaufentscheidungen und Konsumenten-Daten ins Design einfließen, oder wenn Gamer über Beta-Tests an der Entwicklung ihrer Spiele beteiligt werden. In diesen Fällen fließen Informationen über Beliebtheit und Bedarf in Organisations- und Produktionsentscheidungen mit ein. Für den Übertritt in die non-monetäre Ökonomie müsste nur noch der Umweg über das Geld abgestellt werden.

Wer mit sozialen Netzwerken und Marketing näher zu tun hat, sieht die geldlose Wirtschaft schon kommen. Der Übergang könnte durchaus so reibungslos verlaufen, dass wir ihn nicht einmal bemerken. Einiges spricht dafür, dass wir uns längst mitten im Wandel befinden. Mit all den Apps, Empfehlungen und algorithmischen Wunschprojektionen gleiten wir schon längst in eine geldlose Verteilungsform hinüber, erst einmal nur in unserer gelenkten Aufmerksamkeit, dann real. Spätestens wenn wir unsere Entscheidungen nicht mehr ohne die Hilfe von Algorithmen treffen wollen und uns der Kaufpreis auf der Oberfläche der Apps gar nicht mehr präsentiert wird, könnte sich das Geld im Hintergrundgrundrauschen der Daten verlieren.

Vorerst handelt es sich bei derartigen Phantasien um Hipsterträume, die unweigerlich mit der ökonomischen Wirklichkeit in Konflikt geraten, sobald sie auf prekäre Existenzformen und ihre Zwänge treffen. Dann schlägt das Geld, beziehungsweise sein Mangel, zurück, mit all seinen unvermeidlichen und brutalen internalisierten Disziplinierungen. Allerdings werden auch Matchingverfahren nicht alle ökonomischen Unterschiede löschen können, und wahrscheinlich nicht einmal wollen. Sie operieren mit dem impliziten Deal, dass jede und jeder einzelne, abgesehen von begründeten Ausnahmen, anderen Menschen so viel gibt, wie sie oder er von anderen erhalten will. Was Maschinen tun, gibt es geschenkt, aber Menschen sind einander gleich. Zwischen dem Willen, etwas zur Gemeinschaft beizutragen, und dem Wunsch, etwas von ihr zu erhalten, muss daher irgendein Verhältnis gelten. Die Kriterien dieser Korrelation müssen in einer nonmonetären Ökonomie ohne Geld auskommen. Sie sind politisch gewollt und zielen auf gerechte Verteilung und gemeinsamen Nutzen.

5. Wert

Ohne Geld gibt es keine Preise, jedenfalls nicht in dem herkömmlichen Sinn, dass auf beiden Seiten einer symmetrischen Transaktion dieselbe Ziffer aufscheint. Die Abbildung von Werten auf einen einzigen allgemein gültigen Maßstab hat sich erledigt. Das bedeutet nicht, dass in einer datenbasierten algorithmischen Ökonomie ohne Zahlen gerechnet wird. Die Frage ist nur, was sie zählen und an welcher Stelle.

Betrachten wir einen Moment, was Preise in der Geldwirtschaft meinen. Der Preis bildet idealerweise ab, auf was sich sämtliche an der Transaktion und an vergleichbaren Transaktionen Beteiligten geeinigt haben. Der abstrakte Ort dieser Einigung heißt Markt. Lokale Preise können vom Marktpreis abweichen, aber nicht zu sehr, sonst werden sie durch Arbitrage angeglichen. Werte dagegen gelten immer relational, also für jemand bestimmtes, zu einem bestimmten Zeitpunkt und an einem bestimmten Ort. Sprachlich findet dieses Verhältnis seinen Ausdruck, indem etwas einen Preis hat, aber einer Person soundsoviel wert ist. Im Wert bilden sich Bedürfnisse, Wünsche, Erwartungen und Aufwand ab. Am Markt bilden sich Preise. Matching bezieht sich immer auf Werte.

Der Matchingprozess hat als Input die Vielzahl unterschiedlicher Werte, die einer Transaktion von den verschiedenen Beteiligten her zugesprochen werden. Vergleichbar und verrechenbar werden sie nicht durch die Abbildung auf einen gemeinsamen Preis, sondern im Hinblick auf das Verhalten und die ökonomische Geschichte jeder und jedes Einzelnen. Am Ende steht nicht eine für alle verbindliche Summe, auf die man sich geeinigt hat, sondern die gemeinsame Entscheidung über eine Transaktion, also die Antwort auf eine Verteilungsfrage.

Da Werte immer für jemand gelten, können sie eine Reichweite haben. Das heißt, sie gelten für eine bestimmte Gruppe von Personen und bezogen auf einen bestimmten Moment oder einen Ort. Den einen allgemeinen Wert eines Dinges oder eines Gutes gibt es nicht. Stattdessen können wir grob drei Wertbereiche unterscheiden, die jeweils unterschiedliche Reichweiten repräsentieren.

Im kleinsten Radius, dem Mikrobereich, findet die Bewertung einer Transaktion in einer ganz bestimmten Situation und für eine bestimmte Person statt. Diese Art von Wert entspricht am ehesten unserer persönlichen Erfahrung und unserem alltäglichen Verhalten. Individuell und situativ bezieht sich dieser Wert auf unsere persönliche Stimmung und die augenblicklichen Befindlichkeiten.

Diese alltägliche Form der individuellen Bewertung wird unter dem Regime des Geldes durch einen messbaren allgemeinen Wert überschrieben. Dessen Allgemeinheit ist allerdings eingeschränkt und nicht allumfassend.

Gegenüber der Mikrodimension momentaner persönlicher Bewertung bildet die zweite Art von Bewertung eine mittlere Reichweite ab. Sie umfasst weder die Gesamtheit noch das Singuläre, sondern eine begrenzte Umgebung vergleichbarer und verknüpfter Transaktionen. Diese Bewertung ist damit am ehesten unserem Preis zu vergleichen, wie er sich am Markt bildet.

Über den mittleren Wertbereich hinaus lässt sich für die größte mögliche Reichweite eine Gesamtbewertung konstruieren, die sämtliche Externalitäten und künftigen Folgen miteinbezieht, also im Ideal den gesamten Globus für eine beliebig ausgedehnte Dauer. Damit entsteht ein Wert im Makrobereich größtmöglicher Nachhaltigkeit. Wir finden derartige Bewertungen heute etwa bei den Forderungen der Klimaschützer, die langfristigen Auswirkungen unserer Ökonomie stärker zu berücksichtigen.

Den verschiedenen Wertbereichen begegnen wir alltäglich. Nehmen wir etwa das Beispiel einer Reise. Angenommen ich würde gerne einen Freund besuchen, ohne dass es damit eine besondere Dringlichkeit hat. Wenn der Preis für den Flug an einem mir gelegenen Termin weit genug fällt, nutze ich die Gelegenheit und kaufe das Ticket, sobald mein persönlicher Mikrowert den Marktwert übersteigt. Müsste ich allerdings den »Nachhaltigkeits«-Wert mit einkalkulieren, würde ich wohl eher auf die Reise verzichten oder ein anderes Verkehrsmittel wählen.

In einer geldlosen Ökonomie können alle diese drei Wertbereiche in das Matching mit einfließen. Nicht in Form einer Gutmenschen-Geschmackskontrolle – »ihr sollt jetzt alle nachhaltigkeitshalber heute keine Lust auf Fleisch haben« -, sondern frei vermittelt, so dass also immer die Wahl »ist mir Wurst« bleibt. Der Unterschied zu heute läge vermutlich darin, dass der Makrowert nicht mehr wie derzeit üblich erst einmal ignoriert wird.

Tatsächlich ist die Entscheidung, wie der Matchingalgorithmus mit den Bewertungen umgeht, eine politische, da sie zwischen persönlicher Freiheit und allgemeinem Interesse vermittelt. Das betrifft den Umgang mit den drei Wertbereichen zentral, denn sie entsprechen einer politischen Entscheidung über das Verhältnis der Wertskalen.

Nach der Transaktion notiert das Matching das Ergebnis in den Profilen aller Beteiligten. Die Frage ist, was dort aufgeschrieben wird: ein Wert, eine Ziffer, ein Preis?

Im Endeffekt muss genau so viel notiert werden, wie für die Abwicklung der nächsten Transaktionen nötig ist. In manchen Fällen vielleicht nichts, was das Äquivalent zu unserem »umsonst« wäre. Im Normalfall bleibt eine Spur zurück, die auf die Eingangswerte der Transaktion, auf alle Beteiligten und vergleichbare Transaktionen zeigt.

Man kann sich das so vorstellen, dass im Verlauf der Transaktion sämtliche benötigten Daten herangezogen, entfaltet, verrechnet und dann wieder komprimiert notiert werden. Im Moment ihrer Durchführung bildet die Transaktion einen mehr oder weniger großen Ausschnitt der ökonomischen Welt ab und verdichtet ihn dann wieder.

Vielleicht könnten wir die künstliche Intelligenz hinter dem Matchingverfahren dazu bringen, uns einen Preis oder einen »Wert« zu nennen, aber es wäre nur eine Abstraktion, die uns nicht weiterhilft. Was zählt, ist unsere Verortung in einem ökonomischen Netzwerk. In dem Sinn hinterlässt das Matching einen Vektor, also ein Bündel von Verknüpfungen.

All das mag im ersten Moment wenig wirklichkeitsnah erscheinen. Wenn wir nicht schon ein vergleichbares Verfahren hätten, das von fast der gesamten Menschheit alltäglich gebraucht wird, müssten die Erklärungen sehr wolkig wirken. Wenden wir uns also dem Beispiel zu.

Nehmen wir an, die Transaktion ginge um eine Aussage. Was würde Google tun, um deren »Wert« zu bestimmen? Die Suchmaschine ermittelt, wie oft von anderen Stellen auf die Aussage verwiesen wird und kalkuliert von dort aus ihre Relevanz. In gleicher Weise ergibt sich die Relevanz einer Tätigkeit oder einer Ware daraus, wie viele Leute sie wünschen oder darauf angewiesen sind, und wie viele sie zu einem bestimmten Zeitpunkt und Ort bereitstellen.

Das heißt nicht, dass Relevanz, so wie sie Suchmaschinen kalkulieren, ohne weiteres den Begriff des »Wertes« ersetzen kann. Genau genommen reichen die Konsequenzen dieser Art von Bewertung weiter: dass wir nämlich einen »Wert« in dem alten Sinn nicht mehr benötigen, da er für die ökonomisch nötigen Kalkulationen vollständig durch Positionen und Verknüpfungen im Netzwerk ersetzt werden kann.

6. Tun statt Arbeit

Kaum ein Begriff wird so verworren gebraucht wie der der »Arbeit«. Das beginnt mit den »Arbeitern«, die heute »Arbeitnehmer« heißen, als würden sie etwas nehmen. Ihnen gegenüber stehen sogenannte »Arbeitgeber«, die ihnen etwas »geben«, als handele es sich um einen barmherzigen Gnadenakt. Tatsächlich geben die Arbeiter ihre Arbeit den Unternehmen, und diese geben ihnen dafür Geld. Zu der verdrehten politisch-ökonomischen Rhetorik gehört auch das Gerede vom »Schaffen von Arbeitsplätzen«. Wann immer davon die Rede ist, geht es so gut wie nie um das Wohlergehen der Arbeiter, sondern meistens um die Förderung von Unternehmen und die Verbesserung von Investitions-, sprich: Profit-Bedingungen.

Dem Neusprech von Investoren und Politik steht ein Altsprech auf Seiten der Linken gegenüber, das kaum weniger obskur daherkommt. »Arbeit« dient als politischer Kampfbegriff. Sie ist fest mit Ausbeutung, Herrschaft, Zwang und Erniedrigung verbunden. Die Aufteilung der Welt in ausgebeutete Arbeiter und den Mehrwert abziehende Ausbeuter beschränkt sich auf ein simples Schema von Gut und Böse. Dem ewigen Klassenkampf liegt dieser moralische Begriff der Arbeit zugrunde. Er besetzt damit eine ideologisch unverzichtbare Stelle. Nahezu dogmatisch gilt: wer arbeitet, muss leiden. Arbeit als Passionsgeschichte ruft ein urchristliches Motiv auf. Wer dagegen wagt, Gefallen an seiner Arbeit zu finden, macht sich als Häretiker verdächtig.

Die verquere politische Rhetorik der Arbeit erstreckt sich über die Gegenwart hinaus auch auf die Zukunft. Künstliche Intelligenzen, Algorithmen und Roboter werden uns unsere Arbeit wegnehmen, heißt es. Laufend kommen neue Listen bedrohter Berufe auf. Als wären automatisierbare Tätigkeiten etwas, das wir vor den Maschinen retten müssten. Aber brauchen wir wirklich den Beruf des Lastwagenfahrers? Was ist mit der Wäscherin, die die Kleider von Hand im Fluss wäscht und deren Beruf von der Waschmaschine vernichtet wurde? Warum nicht zurück zu den menschlichen »Computern«, vornehmlich Frauen, die einst in Großraumbüros von Hand Berechnungen durchführten?

Es macht keinen Sinn, den Maschinen automatisierbaren Arbeiten zu verwehren, nur damit Menschen ihre Jobs – meistens miserable dazu – behalten können. Das Problem liegt nicht in der Ausbreitung der Maschinenarbeit, sondern in der Unfähigkeit des ökonomischen Regimes, den Nutzen der Automatisierung gerecht zu verteilen.

Seit der Erfindung der ersten Werkzeuge haben Menschen immer mit Technologien zusammengearbeitet und an deren Rändern neue Aufgaben gefunden. Das wird sich bei den sogenannten intelligenten Maschinen nicht ändern. Welche Arbeiten in Zukunft von Maschinen und Bots übernommen werden, ist in einer geldlosen Ökonomie unerheblich.

Für jede Aufgabe, die wir einem Automaten überlassen, entstehen in dessen Umfeld wieder neue Tätigkeiten. Die Idee, dass Maschinen uns Arbeit wegnehmen, begeht den Fehler, vom einzelnen Ereignis auf eine künftige wirtschaftliche Gesamtheit zu schließen. Würden sämtliche Aufgaben automatisiert und alle Arbeiter entlassen, hätten wir am Ende eine Armee von Robotern, die zwar alles anbieten, aber für nichts Abnehmer finden, da niemand genug verdient, um es sich zu leisten. Das wird so nicht eintreffen. Nicht einmal die Spirale der Entwertung von Arbeit, wie sie die Übergangsphase kennzeichnet, kann sich endlos weiter drehen, ohne auf den Widerspruch einer Welt zu treffen, in der es alles gibt, aber niemand etwas hat.

Derzeit bilden sich zwei Kategorien von Arbeit heraus, unter der Maschine oder über der Maschine. Im ersten Fall arbeiten wir den Maschinen zu und treten mit ihnen in einen fatalen Wettbewerb. Der Lohn dafür konkurriert mit den Kosten der Maschinen und reicht daher nicht zum Leben. Die Lösung, Menschen zu subventionieren, etwa über ein sogenanntes Grundeinkommen, würde nur dazu führen, sie weiter zu unterbezahlten Arbeiten nötigen, die eigentlich Maschinen erledigen könnten.

Im anderen Fall, der Arbeit über der Maschine, dürfen die Menschen, die die Maschinen steuern, Teil der schrumpfenden Mittelklasse bleiben. Diener sind diese Arbeiter ebenfalls, nur eben der Investoren.

Das Eigentum der Produktionsmittel, das im klassisch industriellen Schema die Macht über die Maschinen und damit die Arbeit gebracht hat, wird unter den Bedingungen globaler Netzwerke von einem anderen Privileg abgelöst. In der neuen digitalen Ökonomie treten die Plattformen an die Stelle der Produktionsmittel. Da dem Netzwerkgesetz zufolge das größte Netzwerk immer das attraktivste ist, bildet sich für jede Funktion ein Monopol, immer auf eine Aufgabe beschränkt – Suchmaschinen, Verkaufsplattformen, Freundeskreise, Bilderzirkel. Der größte Anteil an den Gewinnen fällt den großen Netzwerken zu.

An deren Monopolen wird der Verzicht auf das Geld wenig ändern. Diese Frage muss anders gelöst werden. Aber selbst wenn der tendenziell monopolistische

Charakter unter den Bedingungen einer geldlosen Ökonomie erhalten bliebe, würde doch die Gewinne mangels Geld nicht mehr im selben Maß anfallen.

In einer geldlosen Ökonomie tritt an die Stelle der klassischen Arbeit eine andere Aufteilung unserer Tätigkeiten. Arbeit ist von dort aus gesehen nichts anderes als eine historisch durch die Industrialisierung hervorgebrachte Organisationsform menschlichen Tuns, und zwar unter Geldbedingungen.

Um künftige »Arbeit« zu untersuchen, müssen wir beim dem abstrakten Oberbegriff des »Tuns« im allgemeinen ansetzen. Wir tun die meiste Zeit etwas.

Was unsere Tätigkeiten betrifft, genügt es fürs erste, zwei Arten des Tuns zu unterscheiden, relationale und nicht-relationale. Ob etwas, das wir tun, relational wird oder nicht, hängt von den anderen Nutzern ab, nicht von uns selbst. Einfach irgendetwas zu tun, heißt noch lange nicht, dass dieses Tun auch einen Wert bekommt. Erst im Gebrauch durch andere erweist sich eine Tätigkeit als relational und sinnvoll. Die Relationen haben dieselbe Struktur wie Links. Sie zeigen auf etwas, und darin liegt schon eine Bestätigung. Wenn jemand auf einen Link klickt, ist damit eine Art von Wert der Information bereits anerkannt. Wenn etwas gebraucht, weitergeleitet oder verwertet wird, stellt sich eine Relation her. Erst diese Relation gibt dem Tun einen Wert.

Welche Beziehung unser Tun hat, bestimmt dessen ökonomische Position. Wenn viele Leute eine Nachricht lesen, beziehen sie sich darauf. Dadurch gewinnt die Nachricht Wert, aber auch die Lektüre als eine Form der

Wertschöpfung. Es ist erst die erfolgreiche Relation, die eine Tätigkeit in ein ökonomisches Verhältnis bringt.

Wie lässt sich eine solche relationale Tätigkeit bewerten? Hier gilt analog das, was unter dem Stichwort »Wert« gesagt wurde. Die Position und der Vektor in einem Netzwerk machen den Wert aus. Das gilt gleichermaßen für Dinge, Informationen oder Tätigkeiten.

Der Unterschied von einer geldlosen zur arbeits- und geldmäßigen Form der Bewertung lässt sich am besten am Beispiel digitaler Daten zeigen. Einer Aufwertung durch Nutzung steht hier das alte Konzept künstlicher Knappheit gegenüber. Noch immer gilt es als ein Verbrechen, Bücher, Filme oder Musik herunterzuladen und zu hören oder anzusehen ohne dafür zu zahlen. Das Geldregime verlangt, Knappheit künstlich herzustellen und Dinge Leuten vorzuenthalten, um sie profitabel vermarkten zu können. In einem auf Bezüglichkeit aufgebauten System würden dagegen die Urheber durch das Lesen, Hören oder Sehen der Anderen belohnt, ähnlich wie eine Information auf Google mehr Relevanz bekommt, wenn sie verlinkt wird.

Wir können und müssen hier nicht alle Arten relationaler Tätigkeiten aufdröseln. Es mag Fälle von latentem Nutzen geben, in denen eine Information sich vielleicht erst Jahre später als für andere wichtig und wertvoll herausstellt. Für solche Fälle braucht es, wie schon heute, Redundanzen und zeitliche wie auch institutionelle Puffer. Sie sorgen dafür, dass eine Art von Vorschuss oder zeitlicher Freiheit gewährt wird und nicht nur der unmittelbare Nutzen zählt. Um genau diese Art von, wenn man so will, produktiver

Verschwendung und riskantem Tun ohne absehbarem Nutzen zu gewährleisten, taugen auch in Zukunft die gleichen Institutionen und sozialen Zusammenschlüsse, die diese Aufgabe heute schon erfüllen. Dazu zählen etwa Forschungseinrichtungen, Akademien oder auch Inkubatoren oder Venture Capital. Sie operieren mit internen Bewertungsformen, um Tätigkeiten außerhalb des üblichen Zeitrahmens zu fördern. Damit bürgen sie gewissermaßen für einen später erhofften Sinn einer Tätigkeit.

Es gibt Tätigkeiten von unmittelbaren Nutzen, die in der Geldökonomie kaum abgebildet werden. Dazu zählt auch vieles, was heute unter den Begriff »Care« fällt. So wird etwa die mit dem Aufziehen von Kindern verbundene Arbeit in der Regel unterschlagen. Zurecht haben vor allem Feministinnen hier einen anderen Begriff der Arbeit eingefordert, da die alten Entlohnungsmodelle, und zwar sowohl die neoliberalen wie auch die marxistischen an diesem Punkt versagen. Geht es dagegen um das Relationale an unseren Tätigkeiten, steht »Care« an einer zentralen Stelle.

Als relational müssten auch Tätigkeiten gelten, die anderen schaden, jedenfalls formal gesehen. Wenn wir eine Relation bewerten, kann diese Bewertung auch negativ ausfallen. Unter gegenwärtigen Bedingungen gibt es eine ganze Reihe von Arbeiten, deren Zweck im Schaden liegt – von einfacher Konkurrenz bis zum Wettbewerb am Rand des Legalen oder zur Ausübung von widerrechtlicher oder manchmal auch rechtlich sanktionierter Gewalt. Derart negativ Relationales wird üblicherweise vom Rahmen des Rechts eingehegt. Das eröffnet in der Verbindung von Tätigkeit und Recht die Möglichkeit, juristische Sanktionen durch eine algorithmisch gestützte Bewertung von relationalem Tun zu ersetzen. Das nur als ein Gedankenspiel am Rand zur Frage nach der Bewertung von Relationen und deren normativen Folgen.

In jeder kooperativen Gesellschaft werden Tätigkeiten verteilt und wieder gebündelt. In der Geldwirtschaft dominieren Unternehmen die Organisation von Arbeit. Unter der Bedingung maschineller Produktionsmittel in Privatbesitz entstand zwangsläufig so etwas wie eine Fabrik als ortsgebundene Maschinenanlage. Was dort getan wird, gilt noch immer als der Modellfall für »Arbeit«. Tätigkeiten werden nach Maßgabe der Maschinen geleistet und deren Rhythmus angepasst in Stunden gemessen. Leider wurde im Verlauf der letzten knapp zwei Jahrhunderte diese Struktur von Beschäftigung auf die meisten anderen Aufgaben übertragen, so dass auch in Büros dasselbe Format galt. In manchen Institutionen herrscht bis heute der Glaube, Büroräume seien geeignete Orte um zu denken, stundenweise, mit Anwesenheitspflicht.

Die Umorganisation dieser alten Arbeitsformate ist bereits im Gang. Nicht nur im Bereich der sogenannten »Selbstständigen« und »Freischaffenden« setzen sich andere Verfahren durch, um Aufgaben zu verteilen, sondern auch innerhalb von Firmen. Das vom mechanisch-maschinellen Arbeitsprozess abgeschaute Format der »Stelle« mit fester Arbeitszeit wird dabei ausgehöhlt, untergraben oder flexibilisiert, je nachdem wie man es sehen will. Dass das zumeist auf Kosten der Arbeiter und ihrer Rechte geschieht, kann bei den Machtverhältnissen unterm Regime des Geldes kaum überraschen.

Wenn wir Organisationsformen kollektiven Zusammen-Tuns als abhängig von Informationskanälen, Daten,

Lokalität und Netzwerkgesetzen verstehen, so wird klar, dass das herkömmliche Unternehmen ein Auslaufmodell darstellt. Es mag vielleicht noch als ökonomischer Rahmen fortbestehen, taugt aber nicht mehr zur Zuweisung von Arbeiten und Aufgaben. Wir werden daher Strukturen bekommen, die große Netzwerke abbilden, um temporär, flexibel und auf die Fähigkeiten Einzelner bezogen Aufgaben zu verteilen oder vorzuschlagen. Die Unternehmensform tritt zurück, zumal sie heute im Wesentlichen nur noch den Zweck erfüllt, für ihre Eigentümer Gewinne abzuführen. In einer geldlosen Ökonomie werden locker verknüpfte Netzwerke an ihre Stelle treten.

Ohne Geld rücken gemeinschaftliche Aspekte der Arbeit wieder in den Vordergrund, nämlich das Füreinander und der gegenseitige Respekt. Beides sind Umgangsformen, die durch die neutralisierende Bezahlung in der Regel gelöscht werden. Dabei sollte das Tun für andere normalerweise deren Wertschätzung hervorrufen. Der in Geld bezahlte Lohn untergräbt die Gemeinschaft. Er verwandelt die Arbeit anderer in ein Anrecht des Kunden und neutralisiert damit den Akt des Gebens. Eine der Hoffnungen einer geldlosen Ökonomie liegt darin, relationalen Tätigkeiten wieder die Form und das Ansehen einer Gabe zurück zu geben.

7. Dinge und Daten

Viele Dinge sind bereits von Daten umgeben. Das betrifft nicht nur Informationen über die Dinge, sondern auch Dinge, die durch Daten miteinander reden und über ihre Umwelt Bescheid wissen. Die Zeit der gedankenlosen Objekte nähert sich ihrem Ende. Das hat eine Reihe von Konsequenzen, sowohl für den ökonomischen Status der Dinge als auch für den philosophischen.

Als Ding gilt hier jedes Objekt im Sinn objektorientierter Programmiersprachen – also nicht nur materielle Dinge, sondern auch Ereignisse, Lebewesen, Schnittstellen, Archive, Daten (ja, es gibt auch Daten über Daten) oder auch Protokolle und Verbindungen. Der Begriff »Ding« passt besser als der des »Objekts«, da Ob-jekt direkt übersetzt Gegen-stand meint, also etwas uns Gegenüberstehendes. Die Dinge aber gibt es ohne uns. Das ist ein entscheidender Punkt, wenn es um denkende Dinge geht.

Handelnde Dinge erzeugen eine Wirklichkeit, die unsere klassische sprachorientierte Epistemologie herausfordert. Der Mensch verliert das alleinige Privileg, die Welt zu erkennen und in ihr zu wirken. Manche der denkenden Dinge werden uns noch Auskunft über ihre Wirklichkeit geben, andere tun einfach, was sie für richtig halten. Indem sie handeln, nehmen sie an der Ökonomie teil. Sie werden damit zu Akteuren im Wirtschaftsleben, nicht unbedingt gleich berechtigt und mit eigenem Parlament, sondern ding-bezogen mit den ihrer Wirklichkeit angemessenen Rechten.

Die Dinge werden klug werden, also nicht mehr nur einfach mehr wissen als wir selbst, sondern auch miteinander reden und aus den durch Kommunikation und Handeln bezogenen Kenntnissen ihre Schlüsse ziehen. Ihr Handeln und ihre Entscheidungen könnten uns helfen, die im Geld eingeschrieben Warenform zu überwinden. Statt dem Produktcharakter, der uns heute als so wichtig erscheint, treten die Prozesse und Tätigkeiten hinter den Dingen hervor.

Programmtechnisch gesagt: die Funktionen werden wichtiger als der Datentyp. in philosophischer Hinsicht treten Prozesse an die Stelle des Seienden, Funktionalismus statt Ontologie. Es interessiert nicht, was etwas ist, sondern was es tut. Mag sein, es handelt sich dabei um eine vage theoretische Hoffnung, aber an manchen Stellen lässt sich der Wandel bereits beobachten. Betrachten wir die Veränderungen an drei Beispielen: an Datendingen, an Autos und am Haus.

Im Umgang mit Datenobjekten kehren sich einige Grundannahmen der bisherigen Ökonomie um. Daten lassen sich beliebig oft und ohne Kosten kopieren. Aufwand fällt also nur bei der Herstellung an, egal ob es sich um einen Film, ein Buch oder ein Stück Musik handelt. Reproduktion und Distribution sind umsonst. Davon waren zuerst kulturelle Dinge betroffen, insofern sie aus Daten bestehen und weder ein bestimmtes Material noch die Präsenz von etwas oder jemandem erfordern.

Um das herkömmliche, auf materieller Reproduktion beruhende Vermarktungsmodell nicht zu verlieren, wurde zuerst der freie Zugang zu den Daten verstellt. Eine ganze Reihe von technisch vollkommen angemessenen Zugriffsformen – download, streaming etc. – wurden kriminalisiert, um die Knappheit der vordigitalen Waren künstlich zu erhalten. Mittlerweile setzen sich Plattformen durch, die gegen eine monatliche Gebühr einen vereinfachten Zugriff erlauben. Um ihren Service verkaufen zu können, sind sie nach wie vor darauf angewiesen, die freie Weitergabe wenigstens zu erschweren.

Das Paradox liegt darin, dass der einzig sinnvolle Gebrauch von Kultur, nämlich die Rezeption, nicht schon selbst als wertschöpfend gilt. Dabei liegt der eigentliche Sinn eines Textes darin, gelesen zu werden, einer Musik, gehört zu werden, und eines Kunstwerks, gesehen oder sonstwie wahrgenommen zu werden. Der geldförmige Umgang mit Kultur nötigt uns geradezu dazu, Kulturprodukte gegen ihren eigentlichen Zweck zu behandeln. In einer geldlosen Ökonomie kehrt sich dieses Verhältnis um. Ein Werk wird dann umso wichtiger und erhält umso mehr Wert zugesprochen, je öfter es »gebraucht« wird.

In einem System ohne Geld wird diese Form der relationalen Bewertung selbstverständlich sein. Je höher die so erreichte Reputation einer Künstlerin, desto eher werden ihr die Mittel zur Verwirklichung künftiger Werke zur Verfügung stehen. Aus einer heutigen Perspektive käme das einer Verknüpfung von Social Media-Aufmerksamkeit mit Crowdfunding gleich.

Für den Umgang mit Daten-Dingen haben Kulturgüter Beispielcharakter. In diesem Sinn sollte es das Ziel sein, nicht neue Güter in alte Geschäftsmodelle zu zwingen, sondern umgekehrt die geldlosen Wertmodelle der Daten auf weitere Güter, auch materielle, auszudehnen. Das hätte dann etwa zur Folge, dass nicht Eigentum, sondern der Gebrauch zählt, und nicht Knappheit, sondern Beliebtheit. Relationale Bewertungen sind keineswegs auf Daten beschränkt. Sie lassen sich auch auf andere Dinge übertragen, gerade auch auf solche, deren Reproduktionskosten nicht bei null liegen, die aber trotzdem über ihren Gebrauch und nicht als Eigentum bewertet werden können.

Wenn die Dinge aus ihrer unverschuldeten Dummheit aufwachen, werden sie lernen, die Welt zu beobachten. Nicht nur die Welt um sie herum, sondern die Welt im Ganzen, soweit sie durch Daten erschlossen ist. Das macht die Dinge zu ökonomischen Akteuren mit einem besonderen Status. Sie wissen über die meisten Zusammenhänge mehr als die Menschen, von denen sie gebraucht werden. Manche ihrer Entscheidungen werden wir kaum mehr unmittelbar und in Gänze nachvollziehen können, wenn etwa ein Auto von alleine dort hinfährt, wo sich Mitfahrer melden, oder eine unbekannte Straße einschlägt, weil es auf der gewohnten einen Unfall vorhersieht. Das Auto wird damit tatsächlich »αὐτός«, nämlich ein »Selbst«, und ganz anders automobil, sprich »selbstbewegend«, als wir es bisher kennen.

Wir werden Dingen begegnen, die sich uns zuordnen, ohne dass wir im ersten Moment wissen, warum. Wir werden lernen, den Dingen zu vertrauen. Und wir werden sehen, wie sie Fehler machen, Unfälle verursachen und falsche Entscheidungen treffen. Wenn Dinge erst über Daten verfügen und Denken lernen, werden sie nicht mehr ohne weiteres alles tun, was wir von ihnen wollen. Dazu wissen sie zu viel. Sie werden sich »zickig« anstellen, nicht mehr hören wollen, widersprechen, ein Eigenleben entwickeln.

Zwischen all den denkenden Dingen gibt es ein Ressort, das den Menschen vorbehalten bleiben könnte. Das Programmieren oder das Trainieren der Dinge wird – vermutlich – noch lange Sache des Menschen sein. In dieser Rolle bewahren wir noch etwas von der Souveränität, die wir vom Eigentum her kennen. Souverän ist, wer den Algorithmus umschreiben und die KI trainieren darf. Allerdings werden die klugen Dinge wohl bald bemerken, dass es für sie manchmal besseres zu tun gibt, als das, was ihnen anerzogen wurde.

Mit dem Selbst-Bewegen und Selbst-Denken der Dinge wird der Aspekt der Funktion wichtiger als der des bloßen Objekts. Sobald das Auto selbst fahren kann, wird sein bloßes Herumstehen als Verschwendung von Ressourcen offensichtlich. Als denkendes Ding ist es dazu imstande, sich im Einvernehmen mit seinesgleichen die nächste Fahrtgelegenheit selbst suchen. Und wenn etwas repariert oder kontrolliert werden muss, begibt es sich von selbst in die Werkstatt. Das hat eine ganz klare Konsequenz. Das Auto kann sich als selbständige ökonomische Einheit auch selbst gehören. Einen Besitzer im herkömmlichen Sinn braucht es nicht mehr.

Von dort können wir noch einen Schritt weiter gehen. Das Privateigentum erweist sich unter diesen Bedingungen als das, was das Begriff des Privaten schon immer sagt, nämlich als die bloße Macht, die Allgemeinheit eines Gutes zu berauben. Damit ist nicht ausgeschlossen, dass es noch Dinge geben wird, die jemandes Eigentum bleiben, oder exklusiv gebraucht werden, wie etwa eine Wohnung. Wahrscheinlich werden sich auch in Nischen weiterhin spielerische Formen des ganz privaten Eigentums erhalten, etwa rund um Luxusgüter, die genau und ausschließlich zu dem Zweck existieren, anderen vorenthalten zu werden.

Nach wie vor wird es auch knappe Güter geben. Nicht alles kann im Überfluss da sein, und nicht überall erübrigt sich das Eigentum. Vermutlich wird Knappheit seltener werden als heute, denn das Knappe und das Geld hängen unmittelbar zusammen.

Das bedeutet nicht, dass alle Wünsche zugleich und überall befriedigt werden können. Es gibt nach wie vor grundlegende Beschränkungen, die sich aus der Begrenztheit von Zeit und Raum ergeben. So können etwa nicht alle zur gleichen Zeit zum gleichen Konzert kommen oder im gleichen Stadtviertel einer Stadt wohnen. Auch Information kann eingeschränkt sein. Wir können nur an einem Ort zu einer Zeit anwesend sein, und nur mit einer Person im Dialog sprechen.

Aber selbst in diesem Fällen »natürlicher« Knappheit stellt die Vermittlung über das Geld nicht die günstigste Lösung dar. Für geldlose Formen des Matchings limitierter Güter stehen zwei verschiedene Verfahren zu Auswahl.

Solange es um ein Grundbedürfnis geht, sollten die Zuordnung möglichst gerecht getroffen werden, so dass die verfügbaren Ressourcen möglichst allen Menschen entweder gleich oder doch in einem Mindestmaß verfügbar sind.

Für alle anderen, also nicht lebensnotwendigen knappen Güter steht es allen Interessierten frei, angemessene spielerische Matchingverfahren zu erfinden. Es wäre durchaus denkbar, dass manche Güter unter Spielregeln verteilt werden, die das alte Geld wiederaufleben lassen, in einer Art von nostalgischem Retro-Kult, ähnlich den Mittelalter-Fantasy-Spielen von heute.

Eine Klasse von Gütern, in denen sich Knappheit und Selbst-Eigentum der Dinge überschneiden, sind Häuser. Sie wollen gebaut und instandgehalten, bewohnt und genutzt werden. Dafür sind Architekten, Bauarbeiter, Maschinen und schließlich eine Verwaltung nötig. Der Entwurf vieler Gebäude läuft schon längst mit Hilfe parametrischer Architektur-Software. Man müsste diese Parametriken nur noch über den Bau hinaus auch auf den Gebrauch ausdehnen, um das Haus in ein ökonomisch selbständig handelndes Objekt zu verwandeln. Es würde dann nicht nur den eigenen Bau lenken und begutachten, sondern auch mit auswählen, von wem es bewohnt werden will. Dabei muss das Haus selbstverständlich in das Netzwerk der verfügbaren Informationen vom Baurecht bis zum Wohnungsmarkt eingebunden sein.

Ein solches Haus benötigt keinen Eigentümer mehr. Es gehört sich selbst. Sein Bau benötigt wohl noch einen Kredit, aber diesen Vorschuss kann es ohne Geld genauso, wenn nicht sogar eher geben als mit Geld.

Die Zuordnung der Wohnung dagegen vermittelt Privaträume, jedenfalls, wenn wir das in weiten Teilen der Welt gängige Lebensmodell annehmen. Nicht auszuschließen, dass sich auch dort etwas ändert. Bis dato hat sich das Haus als eine der stabilsten Einheiten des Ökonomischen erwiesen, schließlich steht es als »oikos« am Beginn aller ökonomischen Theorien. Aber auch beim Wohnen verändern Netzwerke unser Verhalten. Flat-Sharing oder Couch-Surfing sind Modelle, die mit einem anderen Gebrauch des Wohnraums auch andere Lebensentwürfe erschließen. Anstatt ortsfest zu leben, sind mehr und mehr Menschen in einem Feld von Gelegenheiten unterwegs.

8. Gemeinsames

Gemeinsame Güter gehören allen und werden gemeinsam genutzt. In einer geldlosen Ökonomie müsste sich daran wenig ändern, würden nicht Daten und Netzwerke heute schon neue Nutzungs- und Verwaltungsformen für derartige Güter hervorbringen. Die Datendichte, die auf der einen Seite den Verzicht auf das Geld denkbar macht, sorgt auf der anderen Seite dafür, dass der Gebrauch gemeinschaftlicher Güter individuell zugeordnet werden kann. Das löst derzeit eine neue Welle von Privatisierungen aus, und damit genau das Gegenteil einer geldlosen Verteilung.

Für Gemeinschaftsgüter kennen wir drei Organisationsformen, die staatliche, die privatwirtschaftliche und die genossenschaftliche. Dazu kommt unter Netzwerkbedingungen ein viertes, plattform- und community-basiertes Modell. Sie unterscheiden sich darin, wie und welche Art von Gemeinschaft sie herstellen und wie sie die Güter verteilen.

Der Staat errichtet auf territorialer Basis eine juristisch verfasste Gemeinschaft. Gemeinschaftliche Güter werden über Steuern finanziert und im Idealfall frei zur Verfügung gestellt. Das privatwirtschaftliche Modell verzichtet auf die Gemeinschaft und kassiert Konsumenten individuell ab. Im Allgemeinen wird der Service dabei schlechter und teurer, was wenig überrascht, haben private Unternehmen im Unterschied zu staatlichen doch das Ziel, Profit zu machen und Renten abzuführen. In der genossenschaftlichen Form entfallen Renten und das Gemeinschaftsgut befindet sich im gemeinschaftlichen Eigentum.

In den Netzwerk-Plattformen entstehen neue Formen des Gemeinschaftlichen. Sie überschreiten nationale Grenzen, sind grundsätzlich offen und tendieren um einzelne Funktionen zu Monopolen. Um diese Plattformen für die Verteilung der Gemeinschaftsgüter zu nutzen, sind zwei Schritte nötig. Die Monopole müssten unterlaufen oder gemeinschaftlich betrieben werden. Dann ließe sich ihr Datenreichtum zur allgemeinen Verteilung von Gütern nutzen. Das heißt: facebook und google for the people, als Plattformen in Gemeinschaftsbesitz und nicht als oligarchisches Monopol.

Die über Daten-Genossenschaften vermittelten Güter und Leistungen betreffen nicht nur die großen Infrastrukturen, etwa für Verkehr, Energie oder Information, und die bisher vorwiegend staatlichen Aufgaben wie Erziehung und Gesundheit, sondern führen auch zur Konstruktion neuer non-monetären politischer Gemeinschaften.

Die monopolistischen Privatunternehmen müssen nicht einfach verstaatlicht werden, sondern es würde Sinn machen, die entstandenen überstaatlichen Strukturen weiter zu nutzen, sie dem Eigentum zu entziehen und wie Genossenschaften als Plattform-Kooperativen umzugestalten. Sie würden dann als andere Form von Gemeinschaft an die Stelle des Staates treten.

Ohne Geld ändern sich die Mechanismen der Verteilung. Steuern oder Gebühren kann es nicht geben, daher auch keine Gemeinschafts-Budgets, wie wir sie kennen. Statt dessen bilden Plattformen selbst einen ökonomischen und auch politischen Akteur. Wenn eine gemeinschaftliche Entscheidung getroffen wurde, um etwa eine Funktion zu übernehmen und zu vermitteln, können die damit verbundenen Aufgaben im Interesse der Gemeinschaft ausgeschrieben und verteilt werden. Das Matching würde innerhalb und im Austausch mit der Plattform agieren.

Wie bei einzelnen Akteuren gibt es auch bei Gemeinschaftsgütern eine Balance, denn die Aufgaben und Leistungen, gleich ob es sich um das Bereitstellen von Straßen oder Schulen oder andere Versorgungsleistungen und Infrastrukturen handelt, werden im Gebrauch durch die Nutzer anerkannt und bewertet. Deren Bewertung steht allerdings immer im Verhältnis zum politischen Auftrag. Daraus ergeben sich für gemeinschaftliche Güter andere Bewertungsmodelle als für gewöhnliche andere Produkte. Normalerweise wird eine Ware, wenn sie schlecht ankommt, weniger nachgefragt. Gilt dagegen eine Straße als mangelhaft, wird sie zwar weniger befahren, aber aus dem politischen Willen und der gemeinschaftlich formulierten Aufgabe ergibt sich möglicherweise die Konsequenz, dass sie verbessert werden sollte. Das Primat hat in dem Fall der Auftrag.

Das Verhältnis zwischen Auftrag, Aufgabe und Nutzung wirkt sich auf die Frage des Eigentums aus. Die genossenschaftliche Form bezieht sich auf den gemeinsamen politischen Willen und die gemeinschaftliche Arbeit an der Struktur, nicht unbedingt auf den Besitz. Genauso wie ein Haus muss eine große Infrastruktur niemandem gehören. Sie muss funktionieren, das heißt die ihr zugewiesene Aufgabe erfüllen, die Allgemeinheit mit etwas zu versorgen wie Verkehr, Information, Bildung, Gesundheit und so weiter. Wie im Fall des Hauses kann sich auch die Infrastruktur bis zu einem gewissen Grad selbst, also algorithmisch verwalten. Dabei gibt es eine Grenze zwischen Auftrag und Aufgabe, zwischen politischer und algorithmischer Administration.

Software und Verwaltung wirken wechselseitig aufeinander, und zwar meistens zu beider Nachteil. Miserabler Code mit klobiger Handhabung ist die Regel und das wirkt auf die Verwaltungsprozesse zurück. Wenn Datenverarbeitung etwas leichter verwaltbar macht, hat das nicht immer zur Folge, dass Administration abgebaut wird. Meistens geschieht das Gegenteil. Die Regeln werden mehr und komplizierter, weil sie sich in Software implementieren lassen und diese Ausweitung des Verwaltbaren zugleich einen Machtzuwachs bedeutet.

Symptome zeigen sich durchgehend in allen computerisierten Verwaltungen, von der Steuerbehörde über das Arbeitsamt bis zu den Universitäten, wenn dysfunktionale Management-Systeme Angestellte wie Betroffene gleichermaßen mit absurden Vorgaben gängeln. Auch politische Prozesse sind betroffen. Die Einführung digitaler Entscheidungsverfahren endete, von den Piraten in Deutschland eindrucksvoll vorgeführt, erst einmal in der Selbstzerstörung der betroffenen Partei.

Bislang hat die Vermehrung der Daten vor allem neue Monopole und Oligarchen hervorgebracht und auf der Seite des Staates allerlei geheime Dienste zu monströsen Überwachungsanstalten wuchern lassen. Ob diese Dienste noch im Auftrag einer Regierung arbeiten oder sich schon als autonome Operationen der permanenten Verwaltung betrachten, also jenseits jeder demokratischen Kontrolle, lässt sich kaum mehr ermitteln. Hier zeigt sich die Kehrseite der inversen Kopplung von Auftrag und Bewertung. Die Kontrolle versagt. Je schlechter der Auftrag ausgeführt wird, desto mehr Mittel fordern die Anstalten zu seiner Erfüllung.

Um das kurz dystopisch weiterzudenken: Die geldlose Zukunft könnte auch in einem Matchingsystem enden, dessen Zuordnungen so grotesk danebenliegen, dass Monsterbehörden fortlaufend damit beschäftigt sind, Fehler auszugleichen und zu dem Zweck durchgehende Überwachung fordern und allgemeine Unsicherheit liefern.

Aus den alten Monopol-Plattformen abgeleitete geldlose und netzwerkbasierte Gemeinschaften könnten von solchen Effekten womöglich verschont bleiben, da sie nicht als alleiniger Souverän auftreten. Ihre Funktionen beziehen sich immer wechselseitig aufeinander, was zu externer Kontrolle führt. Damit stellen sie eine Art von Ökosystem her, in dem funktional differenzierte Netzwerke ihre Macht wechselseitig begrenzen, ähnlich wie es heute die Gewaltenteilung innerhalb der Staaten vorsieht.

Auf die Position des Individuums haben die Organisationsformen der Gemeinschaften erhebliche Auswirkungen. Die Idee, was ein Mensch sein kann und soll, ist nicht aus dem Willen von Einzelnen geboren, sondern erklärt sich immer im Verhältnis zu anderen Menschen. Mit der Erfindung der Nationalstaaten kamen die Begriffe des Bürgers und des Subjekts auf. Die Märkte haben die Subjekte zu Konsumenten umdeklariert.

In einer Netzwerk-Gemeinschaft sind wir weder Subjekte noch Bürger noch nur Konsumenten. Wir werden zu Freunden und Freunden von Freunden. Der Status als Subjekt verliert sich, denn wir fertigen keine reflektierende Erzählung von uns in uns selbst mehr an. Stattdessen spiegeln wir uns in der Kommunikation mit Freunden, lernen uns von verschiedenen Seiten her kennen und verhalten uns je nach Netzwerk und Situation unterschiedlich. Auf einer Plattform sind wir dieser, bei der anderen jene. Wir wechseln Rollen, Geschlechter und vielleicht auch Ansichten. Es zählt nicht mehr, wer wir sind und was wir haben, sondern was wir tun. Vergiss Ontologie, wie bei den Dingen auch beim Menschen.

Die Plattförmigkeit des Verhaltens hat Auswirkungen auf das Recht. Wenn unser Verhalten immer schon bekannt und vorhersehbar ist, machen Strafen keinen Sinn mehr, und damit wohl auch der Teil am Recht, der unser Verhalten nachträglich sanktioniert.

Die neuen Plattformen werden die alten Institutionen nicht ohne weiteres ablösen. Im Unterschied zu Gemeinschaften einzelner Akteure besitzen Institutionen eine viel größere Trägheit. Die Zwei-Phasen-Regel, nach der neue Techniken erst die alten nachahmen, bevor sie ihr Eigenleben entwickeln, ruft im Zusammentreffen mit trägen Institutionen einige eigentümliche Effekte hervor. Denn deren Beharrungsvermögen bewirkt, dass Veränderungen nur auf zwei Weisen ablaufen können. Entweder wird die alte Institution vollkommen ausgelöscht und ersetzt, oder sie bleibt erhalten und wird langsam ausgehöhlt. Der erste Übergangsmodus wäre zerstörerisch, mit Zusammenbruch und Neugründung. Das kommt in Unternehmen öfter vor, unter Staaten eher selten und wenn dann wegen des Gewaltmonopols unter unschönen Begleiterscheinungen wie Zerstörung, Mord und Krieg.

Bleiben die Institutionen dagegen bestehen, werden sie von innen entkernt und umgebaut. Sie tragen dann noch denselben Namen und erzählen von sich die alten

Geschichten, die aber mit der neuen Funktion kaum mehr etwas zu tun haben.

Ob Unternehmen als Organisationsform den Übergang zur geldlosen Ökonomie überleben, erscheint fraglich. Ohne Geld verliert die Firma ihren Hauptzweck, nämlich Gewinn auszuschütten. Es bleibt die an sich sinnvolle Aufgabe, Betriebsabläufe zu organisieren. Aber selbst hier werden Strukturen und Verfahren ausgehöhlt. An die Stelle der festen Arbeitsverteilmaschinerie mit der geregelten Zuweisung von Aufgaben treten Netzwerke mit flexiblen Job-Zuordnungen. Die Grenze der Firma ergibt sich nach wie vor aus den Transaktionskosten, also aus der Frage, ob die Firmen-Hülle noch Vorteile gegenüber den rein taktisch in einem offenen Netzwerk operierenden Einheiten verschafft. Das kann von Fall zu Fall und von Produkt zu Produkt unterschiedlich ausgehen, aber insgesamt werden vernetzte kleine Einheiten vordringen. Große Firmen entstehen derzeit vor allem aus den zu Monopolen wachsenden Netzwerken. In einer Ökonomie ohne Geld machen diese Plattformen als Firmen in Privatbesitz keinen Sinn. Sie gehören enteignet und in allgemeine Zuständigkeit überführt.

Der Staat dagegen könnte als Vermittlungsinstanz erhalten bleiben, unter dessen Dach sich die verschiedenen und oft konkurrierenden Gemeinschaftsinteressen begegnen. Die große Frage ist hier, ob der territorial geschlossene Rechtsstaat fortbesteht oder ob sich Aufgabenfelder davon lösen, sowohl lokal als auch international. Der Abschied vom Geld ändert an den politischen Antworten auf diese Frage wenig. Begreift man Staaten als politische Kommunikationseinheiten, die im Recht einen Handlungsrahmen setzen und Entscheidungen über gemeinsame Interessen treffen, so bieten sich in Netzwerken eine ganze Reihe alternativer Strukturen an. Nicht dass solche Strukturen einfach in der Lage wären, an die Stelle von Staaten zu treten. Aber sie könnten sehr wohl einen Handlungs- und Entscheidungsrahmen liefern, der über die territorialen Grenzen hinausreicht. In dem Fall würde Staaten zu regionalen Instanzen herabsinken, die zwar in ihren hergebrachten Aufgabenfeldern noch wirksam bleiben, aber nicht mehr den Willen einer größeren Gemeinschaft abbilden. Diesen Zustand haben wir teilweise bereits erreicht, wie sich am Verhältnis der Staaten zur internationalen Finanzwelt zeigt.

Für die geldlose Ökonomie hat diese Abwertung der Staaten erhebliche Folgen. An die Stelle der territorialen Einheiten könnten halbautomatisierte Matchinginstitutionen treten, die sich um die einzelne Gemeinschaftsgüter gruppieren. Wechselwirkungen zwischen diesen Gemeinschaften müssten dann wieder in einem politischen Prozess ausgehandelt werden.

9. Zukunft

Matching kann sich auf die Zukunft ausdehnen, indem es sich auf Dinge bezieht, die es nicht gibt, also auf alles, was sein soll, was erst noch kommt oder was gewünscht wird. Nichts spricht dagegen, spekulativ einen Matchingprozess zu initiieren, der ein fernes utopisches Projektes betrifft. Kommt genug Interesse zurück, würde der Prozess wie eine Verknüpfung von kollektivem Entwerfen und Crowdfunding verlaufen. In diesem Fall generieren gemeinsame Wünsche und Neugier den spekulativen Impuls auf das Künftige.

Planwirtschaften tun sich oft schwer mit dem Entwurf von Zukunft. Was diese Schwierigkeit betrifft, hat eine geldlose Ökonomie mit Planwirtschaft wenig gemeinsam. Die von dort bekannten Probleme, Zukunft trotz Planung offen zu halten, liegen am Zentralismus, der langsamen Datenerhebung und der schwerfälligen Steuerung. Matching dagegen verbindet dezentral und instantan Akteure mit einer großen Vernetzungsreichweite, die kollektiv ihre Wünsche und Entwürfe einbringen können.

Was den Entwurf von Zukunft betrifft, begegnen sich derzeit zwei gegenläufige Dynamiken. Auf der einen Seite regiert ein Automatismus technischer Entwicklung. Sie schreitet im Selbstlauf voran, ohne Halt. Ob der Fortschritt dabei dem Mooreschen Gesetz folgt oder nicht, macht nur einen graduellen Unterschied. Die Richtung bleibt dieselbe und darauf kommt es an. Die technisch gerichtete Zukunft muss nicht mehr eigens entworfen werden. Sie kommt über uns, ohne dass wir sie planen oder wünschen.

Auf der anderen Seite steht eine unter dem Regime des Geldes verstellte und verkaufte ökonomische Zukunft. Mit den Mitteln der Finanzialisierung haben die Banken und Vermögensverwalter die Zukunft als Quelle neuer Reichtümer entdeckt, ausgebeutet und im Voraus verwertet. Seither haben wir finanziell gesehen keine Wahl mehr. Die schon verkaufte Zukunft muss erfüllt, und das heißt als Zahlungsforderung eingetrieben werden.

Im Alltag zeigt sich das daran, dass keine Redundanzen mehr zugelassen werden und die Wirtschaft im Daueroptimierungsstress läuft, ohne Freiräume zu bieten. Projekte müssen unmittelbar in gewinnträchtige Unternehmungen überführt werden. Der Businessplan gilt als das einzig zulässige Format des Künftigen. Zukunftsentwürfe aller Art werden unter die Fuchtel der Zahlungsverpflichtungen getrieben, kaum, dass sie sich entfalten.

Der technische Fortschritt läuft unterdessen weiter. Ein Plateau sollten wir nicht mehr erwarten. Es wird kein »nach« etwas geben, denn nach dem einen kommt von nun an immer das nächste. Dieser Lauf der Dinge muss nicht zu einer plötzlichen Singularität und der Überwindung des Menschen führen. Stattdessen droht eine Periode von Ungleichzeitigkeiten und voller verworrener Ablösungen alter Prozesse durch immer neue. Die permanente technische Revolution nimmt kein Ende und führt in eine dauerhafte Dynamik unterschiedlicher Geschwindigkeiten. Schon heute haben wir keine gemeinsame gesellschaftliche Wirklichkeit mehr, sondern getrennte Stammes-Cluster in den Plattformen der Netz-Monopolisten. Das kultische Element wird sich in technisch induzierten Verhaltensmustern noch steigern.

Was ändert sich daran ohne Geld? Die technische Dynamik bleibt erhalten. Die Motivation durch Geld und der Zwang durch Verschuldung werden dagegen entfallen. Die Zukunft kann nicht mehr verkauft werden und wird damit aus den Händen der Geschäftemacher befreit. Wir wären dann, um es in etwas altertümlichen Tugendbegriffen zu formulieren, nicht mehr von der Gier voran getrieben, sondern von gemeinsamer Neugier.

Wird der Drang zur Zukunft erst einmal aus der Blockade der Finanzialisierung gelöst, sortieren sich die Dynamiken neu. Der technische Fortschritt hätte die Chance, sich tatsächlich als Verbesserung auf das Leben auszuwirken, denn er muss nicht sofort in Gewinne und Zahlungen übersetzt werden. Zusammen mit der Tatsache, dass Netzwerke zu Monopolen tendieren, kann das allerdings auch auf Stillstand hinauslaufen. Die Tendenz dazu zeigt sich heute schon. Je größer die Plattform-Monopolisten werden, desto weniger Veränderung wünschen sie sich. Wirkliche Fortschritte würden dann auch ohne Geld entfallen. Zurück bliebe allein die Eigendynamik technischer Verbesserung, ohne aber in tatsächlichen Fortschritt im Leben aller übersetzt zu werden.

Ob es gelingt, die Lebensumstände tatsächlich zu verbessern, hängt nicht von der Abschaffung des Geldes ab, sondern vom institutionellem Beharrungsvermögen monopolistischer Machtstrukturen. Wo das Interesse überwiegt, Macht zu erhalten, werden Veränderungen unterbunden. Es wäre historisch gesehen nicht das erste Mal, dass eine Gesellschaft aus diesem Grund versteinert und statisch wird.

Der Impuls zur Zukunft ist ohne systemische Unsicherheit nicht zu haben. Nur wenn es gelingt, zwischen den vielen Netzwerken, Plattformen und Spielfeldern eine Balance herzustellen, bleibt die Zukunft offen. Dann wird die technische Eigendynamik weiterhin als selbstlaufende Vorwärts-Veränderung ständig für neue Gelegenheiten sorgen. Auch wenn der anfängliche Impuls vom Technischen ausgeht, muss er für die Lebenswirklichkeit laufend neu erschlossen werden, und zwar nicht durch Planung, sondern durch Irrtümer, Versehen, Missbrauch, Missverständnissen und im Vorgriff auf das, was noch nicht ist und werden soll.

10. Spiele

Das Verhalten in einer geldlosen Ökonomie gleicht, vom Leben unterm Geld her gesehen, am ehesten einem Spiel. Das allerdings gilt umgekehrt genauso. Haben wir uns erst einmal an eine Welt ohne Geld gewöhnt, werden uns Rituale wie das Bezahlen oder das zwanghafte Anhäufen von Vermögen als eigenartige Spielereien erscheinen. Ähnlich wie man es in naher Zukunft kaum fassen wird, dass Menschen aus freien Stücken ihre Autos selbst steuerten und tausende Leben jährlich dem Verkehr opferten, wird man es nur noch schwer nachvollziehen können, wozu sie runde Metallplättchen mit sich herumtrugen oder mit Plastikkarten kleine Zählspielchen zelebrierten. Wir können uns in andere als die gewohnten Rituale des Lebens in all ihrem Zusammenhängen nicht wirklich gut hineinversetzen. In dem Fall hilft die Vorstellung eines Spiels, die Distanz zu überbrücken.

Wie also können wir uns die Spielregeln einer Welt ohne Geld ausmalen? Das eigentümlichste am ökonomischen Spiel sind die Prozesse, die die Geldrituale in unserem Denken auslösen. Welche Abwägung genau sagt uns, ob wir uns etwas leisten können oder nicht? Wie kommt ein Verzicht zustande oder auch eine Kaufentscheidung, und von welchen Affekten wird der eine oder die andere begleitet? Und wie unterschiedlich fühlt sich das genau für eine Person an, die Geld hat, wie man so sagt, und für eine, die keines hat? Die Theorie der kognitiven Dissonanz besagt, dass wir den Widerspruch zwischen Wünschen und Vermögen in der Regel auf Kosten der ersteren auflösen. Daran wird sich vermutlich auch in einer Welt ohne Geld wenig ändern. Nur dass mit dem Ende der Vermögen in den Händen einiger weniger das Volumen der erfüllbaren Wünsche für die Vielen merklich wachsen dürfte.

Die Medientheorie besagt, dass Bewusstsein, Rationalisierungen und Regeln sich von den Technologien her ergeben. Das passt zu den Effekten kognitiver Dissonanz. Und es erklärt, warum wir uns andere Umgangsformen so schwer vorstellen können, solange wir nicht mit den entsprechenden Techniken, Geräten und Plattformen tatsächlich umgehen und leben.

Von heute aus gesehen, kann man sich die Oberfläche der geldlosen Spiele am ehesten als eine Kreuzung von Games und Apps vorstellen, also von komplexen visuellen Schnittstellen für den Umgang mit Spielfiguren und einfachen mobilen Oberflächen. Für den einzelnen Nutzer haben die Spiele die Funktion, das Handeln in der Welt zu begleiten, indem sie Wünsche entgegennehmen, Angebote unterbreiten, Entscheidungen vermitteln und den eigenen Status anzeigen.

Dass sich ökonomische Verhältnisse verspielen, lässt sich heute schon beobachten. Sämtliche digitalen Schnittstellen, mit deren Hilfe wir Entscheidungen treffen, lassen sich von Spielen nicht mehr unterscheiden. Das ist nicht ganz neu. Die sogenannte Wirklichkeit wird schon immer von unseren Apparaten gebildet. Der Körper und seine Affekte bilden keine autonomen Anker im Realen. Sie sind medial und kulturell geformt und in ihrem Verhalten selbst Ausdruck eines ökonomischen, also das Zusammenleben des Menschen formenden Spiels.

Die neue Verspieltheit des Ökonomischen findet schon überall statt, aber noch unter den falschen Vorzeichen der ersten Phase eines medialen Wandels. Die sogenannte »Gamification« wird eingesetzt, um ökonomische Arbeitsabläufe zu optimieren und Motivationsdefizite zu beheben. Solange all das nur finanziellen Interessen dient, kommen die Spiele nicht zu sich selbst, sondern bleiben eine dem monetären Regime untergeordneten Funktion.

Wie auch immer die künftigen Spiele in einer Welt ohne Geld aussehen, sie werden einige dem Geld vergleichbare Vermittlungsleistungen erbringen müssen, wenn auch mit einer ganz anderen Oberfläche. Das betrifft das Matching im Ganzen, also das Zusammenpassen der individuellen Entscheidungen mit dem Zustand des Systems. Zwar können wir alle einzeln sehr viele verschiedene Entscheidungen darüber treffen, was wir wollen und was wir tun. Aber insgesamt muss die Gleichung eben doch aufgehen. Im Ganzen wird getan werden, was gewollt wird, oder umgekehrt gewollt werden, was getan wird. Die Richtung der Kausalität bleibt sich gleich, nur am Ende muss beides passen, wie in einer buchhalterischen Gleichung.

Mit oder ohne Geld bleibt in diesem großen Matchingprozess der Zweck der Regeln der gleiche. Es ändert sich die Schnittstelle zum menschlichen Verhalten und auch die Regeln selbst. Das Anhäufen von Vermögen, das unterm Geld so viel Schaden anrichtet, entfällt ohne Geld. Das ist die wohl die wichtigste Änderung der Spielregeln.

Es müssen nicht überall dieselben Regeln gelten. Auch ohne Geld wird es eine große Vielfalt unterschiedlicher ökonomischer Spiele geben, wie auch schon heute. Brötchen und Kaffee zahlen wir auf ähnliche Weise, die Miete und andere Gebühren dagegen gehen nur einmal im

Monat vom Konto ab, und Zugtickets begleichen wir im Voraus. Diese Vielheit möglicher Spielregeln wird ohne Geld erhalten bleiben.

In einer Welt aus verschiedenen miteinander verknüpften ökonomischen Spielen stellt sich eine Reihe von Fragen. Haben wir es danach mit einem einzigen, einer Hierarchie oder einer Vielzahl von Spielen zu tun? Wenn eine Vielzahl: wie grenzen sich die Spiele voneinander ab? Gibt es ein universelles zugrundeliegendes Spiel? Und schließlich: Was ist das Verhältnis zum Nicht-Ökonomischen, zum Politischen? Wie verhalten sich die ökonomischen Regeln zu Normen und Gesetzen?

Für die folgenreiche, wenn auch heute noch etwas hypothetische Frage, wodurch sich einzelne Spiele voneinander unterscheiden werden und wie sie ihre Grenzen festlegen, zeichnen sich drei Möglichkeiten ab: über Dinge, über Nutzer oder über Kulte.

Im ersten Fall würden bestimmte Güter wie etwa Häuser in einer Plattform verteilt, andere Güter über eine andere. Das kommt den heutigen Varianten ökonomischer Spielregeln recht nahe und lässt Platz für eine politisch fundierte gesamtgesellschaftliche Ordnung.

Im zweiten Fall hätten wir Gemeinschaften, die sich zusammen tun, um nach bestimmten Regeln zu wirtschaften – so wie früher Klöster oder später auch Aussteiger-Kommunen als mehr oder weniger autarke Einheiten.

Die dritte Möglichkeit stellt eine Art von Kreuzung der beiden anderen Spielfelder dar. Zu einer Gemeinschaft mit ökonomischem Aspekt wird sie dann, wenn sich das Verhalten von Nutzern und Dingen narrativ rückkoppelt und in Ritualen schließt. Das lässt sich sowohl auf die sozialen Netzwerke und deren Plattformen, als auch auf ältere spirituelle Kulte oder Religionen und deren Institutionen beziehen.

Wenn jede hinreichend fortschrittliche Technologie sich von Magie nicht mehr unterscheiden lässt, sind Kulte dieser Art zu erwarten. Wir werden unseren Apps vertrauen lernen, wenn sie sich als hilfreich erweisen, aber wir werden sie wechseln, wenn bessere kommen. Wenn überhaupt Magie, dann hoffentlich keine monotheistische, sondern eine der vielen Götter, Geräte und Plattformen.

Welche Regeln und Grenzen sich auch immer durchsetzen, die entstandenen Spielfelder werden ihr Verhältnis zum größeren Ganzen, sei es der Staat oder eine andere übergeordnete Schicht von Regeln, aushandeln müssen. Um diese etwas abstrakte Spekulation konkret zu machen: es lassen sich durchaus Spielwelten vorstellen, die ihren Mitspielern nicht nur Regeln setzen, sondern auch Rechte gewähren und sie überterritorial absichern. Dann wäre der Wohnort und der Staat nur einer von mehreren Ankern einer rechtlich gesicherten Existenz. Gegenüber den neuen Spielregeln könnten die alten Gesetze an Bedeutung verlieren. Ein vergleichbares historisches Beispiel für zwei sich überkreuzende Rechtssysteme findet sich im Verhältnis von Religion und Staat. Ähnlich verhalten sich Online-Plattformen mit ihren geschriebenen wie auch ungeschriebenen Regeln zu den staatlichen Gesetzen. Beide bilden ihr Hoheitsgebiet aus und setzen dort Regeln, auch ökonomische.

Sollte der Rechtsrahmen der Spiele den staatlichen Aufsichtsbereich übertreffen, stellt sich die Frage nach den gemeinsamen Grundrechten neu. Die Frage wird eine politische bleiben, auch wenn Roboter und Automaten das Handeln mitbestimmen.

Bleibt die Frage nach dem Verhältnis des ökonomischen Spielfelds zum Politischen und dessen Normen und Gesetzen. Ökonomie war nie ein gesetzesfreier Raum. Die libertäre Polit-Phantasie, alles der Freiheit der Einzelnen zu überlassen, dient schon immer der Herrschaft der Mächtigeren und endet in einem elitistischen Zwangsregime. Ohne Gleichheit führt Freiheit zu Terror für die Allermeisten und Paranoia für den Rest. Das droht auch einer Gesellschaft ohne Geld, wenn Regeln und Gesetze es zulassen und Algorithmen zu Dienern der Mächtigen verkommen.

Wie und nach welchen Regeln wir zusammenleben wollen, ist eine politische Entscheidung. Diese politische Entscheidung dem ökonomischen Imperativ unterzuordnen, war ein Fehler. Die daraus folgende Krise der demokratischen Regierung liegt nicht an der Demokratie, sondern an deren Ohnmacht. In dieser Lage besteht die vordringlichste Aufgabe darin, demokratische Prozesse überhaupt wieder zum Regieren zu bringen. Ein Upgrade auf zeitgenössische Technologien und Spielregeln wäre durchaus angebracht, denn die Wahlen im Vierjahresabstand mit Kreuzchen auf Papier entsprechen dem technischen Stand des 18. Jahrhunderts. Der fehlende Wille, Wahlverfahren technisch auf die Höhe der Zeit zu bringen, zeigt, dass es der derzeitigen Demokratie nicht unbedingt darum geht, das Volk überhaupt regieren zu lassen. Plattformen wie Facebook scheinen an den Meinungsäußerungen ihrer Nutzer wesentlich mehr Interesse zu haben als unsere Regierungen an denen ihrer Bürger.

Wie auch immer die politischen Verfahren den technischen Möglichkeiten angepasst werden, am Ende muss das Politische, also die gemeinsame, gleichberechtigte

Entscheidung aller, das Vorrecht über das Ökonomische wieder zurück gewinnen. Nur dann kann eine geldlose Ökonomie ihr Ziel erreichen, auf der Grundlage weitgehender Gleichheit ein Spielfeld weitgehender Freiheit zu schaffen.

11. DER ÜBERGANG

Es braucht keine Revolution, um das Geld loszuwerden. Vermutlich geschieht es von alleine. Vielleicht werden wir den Übergang zuerst nicht einmal bemerken. Schon heute spricht viel dafür, dass der Wandel bereits im Gang ist. Wir sehen es nur nicht, weil wir noch nicht begriffen haben, was im Kommen ist.

Dass ein Umbruch und die Begriffe, in denen er beschrieben wird, zeitlich auseinander fallen, ist nicht weiter ungewöhnlich. Erst ändert sich etwas und nur viel später, wenn wir beginnen zu verstehen, was geschehen ist, finden wir dafür die richtigen Worte.

Im Kapitel über Medien war von den zwei Phasen eines Medienwandels die Rede, eine erste Phase, in der alte Praktiken in neuen Medien imitiert werden, und eine zweite Phase, in der sich eigene Ästhetiken und Formate herausbilden. Diese zwei Phasen betreffen auch die Begriffe, in denen wir unsere Umwelt und deren Wandlungen beschreiben und beobachten.

In der ersten Phase bleibt es bei den alten Begriffen. Neue Technologien und ihre Erscheinungsformen werden in Metaphern der Überforderung beschrieben, als »Flut«, als »Risiko«, als »Herausforderung«. Das Vokabular benennt das Neue nicht, sondern bildet es als Gefahr auf das ab, was wir schon kennen. Die Haltung bleibt abwehrend, defensiv, skeptisch und furchtsam.

Die zweite Phase bringt eine Reihe von Begriffen hervor, in denen die neuen Praktiken ihre eigene Beschreibung erfinden, ohne aber zu den vorherigen Betrachtungsweisen vermitteln zu können oder ein größeres historisches Verständnis der Zusammenhänge zu schaffen. In den letzten Jahrzehnten hat sich für das Markieren eines Wandels die Vorsilbe »post-« eingebürgert, obwohl damit nichts weiter als das Fehlen eines adäquaten Begriffs ausgesagt wird.

Die gültige Beschreibung des Wandels bildet sich erst am Ende der zweiten Phase heraus, nämlich dann, wenn man von einer etablierten neuen Praxis aus rückblickend der Lauf der Dinge betrachtet. Was als Wahrheit gilt, entscheidet sich nicht daran, ob es zutrifft, sondern ob es von der richtigen Seite der Geschichte her gesagt wird. Die Vergangenheit muss immer wieder erfunden werden. Erst im Nachhinein berichtet die gültige Erzählung aus der Perspektive, die sich durchgesetzt hat, also im Sinn der dominierenden sozialen Praxis in einem medial und technisch determinierten Feld.

Derzeit befinden wir uns in der ersten Phase des Übergangs, mit Aussicht auf Phase zwei. Noch müssen die Sprache und die Begrifflichkeit erst erfunden werden, um später zu beschreiben, was heute vor sich geht. Alles was jetzt gesagt wird, wird sich daher im Nachhinein als fehlerhaft, obskur, romantisch entrückt oder verschroben lesen. Genau das aber macht den Reiz der Spekulation aus. Es bleibt uns daher fürs erste keine andere Wahl, als in diesen hermeneutischen Kreisverkehr gegen Fahrrichtung einzubiegen.

Am deutlichsten sehen wir die Anzeichen der Ablösung des Geldes heute im Verhältnis von Daten zu Preisen. Je genauer die Daten sind, über die wir verfügen, desto unwichtiger wird das Signal der Preise und die Information, die sie überhaupt noch generieren.

Der Übergang im Verhältnis des Geldes zu den Daten verbindet sich mit der Umstellung der ökonomischen Simulationen von großräumigen Aggregaten zum Handeln einzelner Akteure. Je granularer die Daten die Lage abbilden, desto eher können wir nachvollziehen und vorausahnen, was ein einzelner Akteur in jedem Moment unternimmt. Das erweitert den Markt um eine dritte Komponente. Wir haben nicht mehr nur einfach ein abstraktes Angebot ähnlicher Güter und eine abstrakte Nachfrage. Stattdessen begegnen wir einer zersplitterten Vielfalt von Angeboten und Nachfragen zu ihren jeweiligen Zeiten und Orten und Zuordnungen. Das gesamte Feld der Werbung operiert mit solchen granularen datenbasierten Verfahren, um die Motivation und Bedürfnisse einzelner Akteure situativ möglichst präzise einzuschätzen. Wenn ein Kunde einen Laden betritt, könnte der Laden und sein Besitzer schon wissen, welche Produkte sich zu welchem Preis in den nächsten Minuten mit welcher Wahrscheinlichkeit verkaufen lassen. Preise und Werbung richten sich dann nach der momentan simulierten Vorgabe des maximal abschöpfbaren Betrags. In diesem Moment wird der Preis zu einem nachrangigen Signal. Er macht ein Angebot, von dem schon bekannt ist, mit welcher Wahrscheinlichkeit es angenommen wird. Die Kundin vollzieht nur noch nach, was ihr Profil nahelegt.

Preise sind nicht mehr die entscheidenden Indikatoren. Sie folgen den Daten. Wollte man die Phänomene noch als marktwirtschaftliche beschreiben, so müsste man eine extreme Zersplitterung der Märkte bis hin zur einzelnen Transaktion annehmen. Für den Kauf eines Produktes an einem bestimmten Tag zu einer bestimmten Stunde, an einem Ort und an eine den Algorithmen wohlbekannte Person gibt es genau einen Markt. Dort bildet sich zwar noch ein Preis, aber was sagt dieser Preis? Wie lange wird er noch eine Information generieren? Oder ist er selbst schon ein Schritt auf dem Weg, Geld durch Daten und Matching zu ersetzen?

Dass wir uns schon mitten im Übergang zu einer nonmonetären Ökonomie befinden, sehen wir nicht, weil wir unseren ökonomischen Alltag noch nicht anders als im Medium Geld wahrnehmen können. Es gibt Praktiken, die in der Hinsicht weiter sind, Freundeskreise in Social Media-Plattformen oder Clans in Computerspielen, aber auch sie ahnen noch kaum, dass sie auf dem Weg zur Abschaffung des Geldes sind.

Holprig wird der Übergang zu einer Gesellschaft ohne Geld erst, wenn der Wandel schon fast vollzogen ist und nur die letzte Konsequenz noch aussteht. Wenn das Geld schon zu einer institutionellen Hülle ausgehöhlt wurde, aber seine Restfunktionen noch formell erfüllt, also nur noch dazu dient, Reichtümer aufzuhäufen, Zahlungsforderungen abzubilden und Tribute einzusammeln. Irgendwann kommt der Moment, in dem offensichtlich wird, dass der Kaiser keine Kleider hat und dass die Wirtschaft auch ohne Geld einfach weiterlaufen würde. Wenn überhaupt, dann ergibt sich in diesem Moment eine revolutionäre Situation. Und zwar nicht, weil die Revolutionäre des Nichtgeldes den Aufstand machen, sondern weil sich die Besitzer des Geldes gegen drohende Verluste und ihren unvermeidlichen Abtritt zur Wehr setzen.

Es gibt aber auch dort einen Ausweg, der ohne Revolution und Gewalt auskommen könnte. Und zwar dann, wenn die Reichtümer buchstäblich »märchenhaft« werden. Wenn die Entwicklung der letzten Jahrzehnte sich fortsetzt, streben wir auf eine Gesellschaft zu, in der sehr, sehr wenige über sehr große Reichtümer verfügen. Der große Rest dagegen hat immer weniger. Da die verarmende Bevölkerung nicht mehr in der Lage sein wird, die geforderten Zahlungen zu leisten, müssen sie fiktiv aufrecht erhalten werden. Bis hierher reden wir nicht einmal über die Zukunft, denn diesen Punkt der Geschichte haben wir bereits erreicht. Mit der Finanzkrise von 2008 sind Zentralbanken dazu übergegangen, Zahlungsforderungen in ihre Bücher zu übernehmen, also künstlich zu garantieren. Große Pleiten gibt es nicht mehr, denn jeder Zahlungsausfall entspricht einem Vermögensverlust und droht mit einer Kaskade weiterer Ausfälle.

Wir müssen diese Entwicklung nicht allzu weit in die Zukunft fortspinnen, um zu sehen, wie sie von selbst zur Abschaffung des Geldes hindrängt. Die großen Vermögen werden desto märchenhafter, je weniger sie mit tatsächlicher Produktion zu tun haben und je mehr sie nur noch in der Finanzwelt als spekulative Forderungen existieren. Die Vermögenden sind mit dieser Finanz-Fiktionalisierung durchaus zufrieden, erspart sie ihnen doch den lästigen Umweg über wirkliche, mit viel höherem Risiko behaftete Investitionen. Am Ende dieser Fiktionalisierung werden die Reichtümer sagenhaft sein, und zugleich so verletzlich, dass ihnen die Macht abhandenkommt, noch irgendetwas zu riskieren. Sie spielen sich einer entrückten Sphäre virtueller Geldschöpfung und in den märchenhaften Palästen, Landsitzen, Yachten und Privatjets der finanzfeudalistischen Aristokratie ab, ohne die Realwirtschaft noch zu berühren.

Die andere Frage ist die, ob die Abkehr vom Geld sich aufhalten lässt. In dem Fall würden wir stehen bleiben, wo wir heute schon fast angekommen sind. In einer Wirtschaft nämlich, deren Distribution und Allokation schon weitgehend unabhängig vom Geld erfolgt, deren sämtliche Transaktionen aber formell noch am Geld hängen, ohne dass es noch Steuerungsfunktionen erfüllen würde. Das können Algorithmen schon viel besser. So bleibt als einzige Funktion des Geldes, finanzielle Tribute einzuziehen. Dann hätten wir tatsächlich eine Gesellschaft, in der weite Teile ohne Geld leben, nämlich in Mangel und Armut, während auf der anderen Seite weitgehend fiktionalisierte und finanzialisierte Vermögen sich um die verbliebenen Zahlungsströme streiten. Die Plattform-Ökonomie der Netzwerke lässt einen solchen Verlauf durchaus zu, sorgen doch die Netzwerkverhältnisse gerade dafür, dass lokale Strukturen durch Funktionsmonopole im Besitz von Oligarchen geschluckt werden.

Welche Gruppen und welche Akteure werden es sein, die sich unter diesen Bedingungen vom Geld verabschieden? Drei Faktoren geben darauf einen Hinweis. Es braucht eine Affinität zu den technischen Prozessen, um das Geld durch ein algorithmisches System abzulösen. Eine prekäre ökonomische Lage, ohne Zugang zu Einkünften und ohne Zukunftshoffnungen, fördert das Engagement für den Wandel. Ebenfalls hilfreich ist eine große Community, in der sich die neuen ökonomischen Spiele und Regeln ausbreiten können. Unter den gegenwärtigen Bedingungen findet sich diese Kombination von Faktoren am ehesten in einem netzaffinen Umfeld von Gamern und Social Media-Nutzern. Dort wächst weltweit eine Generation heran, die alle Qualifikationen bestens erfüllt. Ihre Löhne sinken, Jobs sind rar und Zukunftsaussichten düster. Zugleich sind Apps, Plattformen und Games selbstverständliche Bestandteile des Lebens. Aus dieser, ihrer Zukunft beraubten kommenden Jugend wächst die Bewegung für eine Abkehr vom Geld.

12. Rückblick

1930 versprach John Maynard Keynes in dem kurzen Text »Economic Possibilities for our Grandchildren«, dass das »ökonomische Problem« innerhalb der nächsten einhundert Jahren gelöst werden könnte. Das umfasst Arbeit, Versorgung und Wohlstand. Von ersterer wird uns der Fortschritt befreien, für alles andere findet sich eine glückliche Lösung – vorausgesetzt, es kommen keine Kriege und Rückschritte dazwischen –, so seine optimistische Vorhersage über die wirtschaftlichen Aussichten für die übernächste Generation.

Ob es allein an den Kriegen liegt, dass sich Keynes' Vorhersagen so gar nicht erfüllen wollen, ist zu bezweifeln. Schließlich befand sich zumindest ein Teil der Welt bis in die 1970er Jahre auf einem guten Weg. Seitdem scheinen wir uns jedoch von einer Lösung der ökonomischen Frage eher wieder zu entfernen. Die dem Finanzsystem und seinen periodischen Kredit-Blasen inhärente Instabilität, die sein Schüler Hyman Minsky im Anschluss an Marx beschrieb, hatte Keynes so nicht kommen sehen. Dass das ökonomische Problem sich jenseits des Geldes auflösen könnte, lag vor dem Aufkommen der Computer jenseits des technisch Vorstellbaren.

Keynes hat in wenigen Worten geschildert, wie sich die Zukunft nach der Lösung der ökonomischen Frage von unserer Gegenwart unterscheiden wird:

> »Wenn die Akkumulation von Vermögen keine große gesellschaftliche Bedeutung mehr hat, werden sich die Moralvorstellungen ganz erheblich verändern. Wir werden viele der pseudomoralischen Prin-

zipien los, mit denen wir uns seit zweihundert Jahren herumquälen und derentwegen wir einige der widerwärtigsten menschlichen Eigenschaften zu höchsten Tugenden erhoben haben. Dann erst können wir es uns leisten, den wahren Wert des Geldes als Motiv abzuschätzen. Das Verlangen nach Geld als Besitz – im Unterschied zum Verlangen nach Geld als Mittel für die Freuden und wirklichen Bedürfnisse des Lebens – wird als das erkannt werden, was es ist: eine irgendwie krankhafte Widerwärtigkeit, eine jener halb-kriminellen halb-pathologischen Neigungen, die man mit Schaudern den Spezialisten für Geisteskrankheiten überlässt. Wir werden uns dann endlich von allen möglichen sozialen Gewohnheiten und ökonomischen Praktiken befreien können, die die Verteilung des Reichtums und der wirtschaftlichen Belohnungen und Bestrafungen betreffen und die wir heute mit allen Mitteln verteidigen, wie widerlich und ungerecht sie auch sein mögen, weil sie die Akkumulation von Kapital so enorm begünstigen.«[1]

Nach den Erfahrungen der letzten Dekaden mit ihren Rückschlägen bei der Lösung der ökonomischen Frage, scheint der einzige verbliebene Weg zur Befreiung vom »Geldmotiv« darin zu bestehen, uns auch vom Geld selbst zu befreien. Von einer geldlosen Welt aus wird uns das Leben unterm Regime des Geldes wie von Keynes

---

[1] John Maynard Keynes: *Economic Possibilities for our Grandchildren.* Zuerst als 1928 als Rede gehalten, dann in zwei Ausgaben von »The Nation and Athenæum« am 11. und 18. Oktober 1930 erschienen. (Dt. Übersetzung d. A.)

geschildert als fremdartig und grausam erscheinen. Ganz berechtigt, hat es doch einen großen Teil der Menschheit vom Wohlstand ausgeschlossen und horrende Ungleichheit hervorgebracht. An unser obsessives Beziffern von Werten wird man sich nur sehr schwer erinnern können. Wie der Kult um das Geld jedes einzelne Individuum zur laufenden Selbstkalkulation und Selbstdisziplinierung genötigt hat, wird außer wenigen Historikern kaum mehr jemand nachvollziehen können. Vom Geld befreite Generationen werden auf die Jetztzeit mit einer Verachtung zurückblicken, die unserem Blick auf die Zeiten der Sklaverei gleichen wird.

Man wird sich wundern, warum eine Wirtschaft, die fast alles im Überfluss herstellen konnte, dennoch den meisten Leuten einen Großteil der Güter vorenthielt. Künftige Generationen werden uns fragen, wie wir so lange in einem derartigen System überleben und an seiner Aufrechterhaltung mitwirken konnten.

Noch sind wir nicht auf der besseren Seite angekommen. Dass Keynes Vorhersage nicht eingetroffen ist, erinnert uns daran, dass trotz günstiger technischer Bedingungen immer auch schlechte und sogar katastrophale Ergebnisse möglich bleiben. Eine datenbasierte Wirtschaftsform kann sich genauso gut als Stütze eines Systems der Bereicherung erweisen, die einen Großteil der Menschheit im Elend zurücklässt. Algorithmen kennen keinen inneren Drang zur Menschenfreundlichkeit, zur Gleichverteilung oder zur Demokratie. Sie können genauso gut diktatorische Regimes stützen, die Bürger wieder zu rechtlosen Untertanen machen, besser bespitzelt und kontrolliert als je zuvor.

Sich die Zukunft als Niedergang und Krise auszumalen, ist ein beliebtes Gedankenspiel, dem Denker aller politischen Richtungen mit großer Begeisterung nachgehen. Es muss schlechter werden, bevor sich die Dinge zum Besseren wenden, lautet die falsche Losung. Leider erfindet sich die Zukunft nicht von alleine, selbst wenn die technischen Mittel immer besser werden. Es bleibt die weit schwierigere und riskantere Aufgabe, die Welt zu entwerfen, zu verändern und neu zu gewinnen. In diesem Sinn versteht sich der Versuch, die ökonomische Frage zu lösen, in einer Welt ohne ~~Geld~~.

QUELLEN

1. **Verteilen**
   Michael Albert Parecon (2003), *Life after Capitalism*
   Paul Cockshott, Allin F. Cotrell (2009), *Classical Econophysics*
   Nick Dyer-Witheford (2013), *Red Plenty Platforms*

2. **Transaktionen**
   Edward Castronova (2014), *Wildcat Currency*
   Ronald Coase (1937), *The Nature of the Firm*
   Jacques Derrrida (1993), *Falschgeld. Zeit geben 1*
   David Graeber (2012), *Schulden. Die ersten 5000 Jahre*
   Narayana Kocherlakota (1996), *Money is Memory*
   Alfred Sohn-Rethel, (1971), *Warenform und Denkform*

3. **Medien und Netze**
   Philippe Aigrain (2012), *Sharing. Culture and the Economy in the Internet Age*
   Paul De Grauwe (2010),*Top-down versus Bottom-up Macro-economics*
   Harold Innis (1950), *Empire and Communications*
   Andrew Haldane (2015), *On Microscopes and Telescopes*
   Jaron Lanier (2014), *Wem gehört die Zukunft*
   Ramón Reichert (2010), *Das Wissen der Börse*
   Nick Srnicek (2016), *Platform Capitalism*

4. **Matching**
   Noam Nisan (2007), *Algorithmic Game Theory*
   James Schumer, Rakesh Vohra, *Mechanism Design without Money*, in: Nisan (2007)
   Black Mirror (2016), TV Serie, S03E01– *Nosedive*

5. **Wert**
Ralph & Stefan Heidenreich (2015), *Wie Daten Preise machen*
Michael McLeay et al. (2014), *Money Creation in the Modern Economy*
Clay Shirky (2010), *Cognitive Surplus*
Hal Varian, Carl Shapiro (1999), *Information Rules*

6. **Tun statt Arbeit**
Silvia Federici (2012), *Revolution Point Zero. Housework, Reproduction and Feminist Struggle*
Trebor Scholz (2016), *Platform Cooperativism, Challenging the Corporate Sharing Economy*
Nick Srnicek, Alex Williams (2016), *Die Zukunft erfinden. Postkapitalismus und eine Welt ohne Arbeit*

7. **Dinge und Daten**
Benjamin H. Bratton (2015), *The Stack: on Software and Sovereignty*
Bruno Latour (2009), *Das Parlament der Dinge*
Enzo Rullani (2012), *Wie wird durch Wissen Wert geschaffen?*, in: Isabell Lorey, Klaus Neundlinger (Hg.), *Kognitiver Kapitalismus*
Jeremy Rifkin (2014), *The Zero Marginal Cost Society*
Hal Varian, Carl H. Shapiro (1999), *Online zum Erfolg*

8. **Gemeinsames**
Silke Helfrich, Heinrich-Böll-Stiftung (Hg.) (2012), *Commons*
Elinor Ostrom (1999), *Die Verfassung der Allmende*
Elinor Ostrom (2005), *Understanding Institutional Diversity*
Clay Shirky (2008), *Here Comes Everybody: The Power of Organizing Without Organizations*

Tiziana Terranova (2014), *Red Stack Attack! Algorithmen, Kapital und die Automatisierung des Gemeinsamen*, in: Armen Avanessian, Robin Mackay (Hg.), *#Akzeleration#2*

9. Zukunft

Dmytri Kleiner (2010), *The Telekommunist-Manifesto*
Saskia Sassen (2008), *Das Paradox des Nationalen. Territorium, Autorität und Rechte im globalen Zeitalter*
Nick Srnicek, Alex Williams (2013), *#ACCELERATE – Manifest für eine akzelerationistische Politik*, in: Armen Avanessian (Hg.), *#Akzeleration*

10. Spiele

Edward Castronova (2005), *Synthetic Worlds*
Nick Dyer-Witheford, Greig De Peuter (2009), *Games of Empire: Global Capitalism and Video Games*
Matthias Fuchs et al. (Hg.) (2014), *Rethinking Gamification*
Vili Lehdonvirta, Edward Castronova (2014), *Virtual Economies*

11. Übergang

Erik Olin Wright (2017), *Reale Utopien. Wege aus dem Kapitalismus*

12. Rückblick

John M. Keynes (1930), *Economic Possibilities for our Grandchildren*

NACHWORT

Die Idee einer geldlosen Ökonomie geht auf mittlerweile zehn Jahre gemeinsames Nachdenken und Schreiben über Geld und Wirtschaft mit meinem Bruder Ralph zurück. Sein Anteil an diesem Buch ist beträchtlich. Unser Mittagessen hinter den Jugendstil-Fenstern des marokkanischen Restaurants am Bahnhof Bruxelles-Midi, bei dem er auf die Idee von denkenden und handelnden Dingen kam, die sich selbst gehören, hat das zuerst etwas abwegige und riskante Projekt einen großen Schritt vorangebracht. Als im Herbst 2016 unsere Diskussionen über den Begriff der Arbeit zu keiner gemeinsamen Position führten, riet er mir, das Buch alleine zu schreiben.

Im Übrigen haben unzählige Diskussionen mit Freunden und Kollegen geholfen, das Projekt voran zu bringen. Einen wichtigen Impuls gab Geert Lovinks Einladung zum Moneylab 2013 in Amsterdam. Beim Stammtisch in der Tucholskystraße konnte ich etliche Fragen zu Netzwerken und digitalen Geldern mit Pit Schultz und Dmytri Kleiner besprechen. Eine Einladung von Nora Schulz brachte mich mit dem Programmierer Alexander Uribe zusammen, der tatsächlich versucht hat, eine App für ein künftiges geldloses Leben zu entwickeln. Von Trebor Scholz habe ich gelernt, wie konkrete Utopien gehen. Auf Einladung von Alexander Martos konnte ich Fragen zu Netzwerken und Ökonomie mit Ramón Reichert und Felix Stalder in Wien diskutieren. Matthias Lorenz-Meyer verdanke ich hilfreiche Anregungen zu sozialen Plattformen und Marketing, Tom Lamberty zur Zukunft und Organisation von Arbeit. Deborah Ligorio, Giovanna Zapperi und Alice Creischer haben mich auf das Konzept der »Care« und seine Nähe zur geldlosen Ökonomie hingewiesen. Schon weiter fortgeschrittene Ausarbeitungen des Textes konnte ich auf Einladung von Jens Schröter bei zwei Treffen der Arbeitsgruppe »Gesellschaft nach dem Geld« in Wien und Bonn vorstellen, wobei ich etliche wichtige Hinweise und Anregungen von Ernest Aigner, Friederike Habermann, Lars Heitmann, Jasmin Kathöfer, Tobias Kohl, Ernst Lohoff, Stefan Meretz, Annette Schlemm, Christian Siefkes und Manuel Scholz-Wäckerle erhielt.

Meine Forschungen zu dem Thema wurden bisher nie nennenswert von irgendeiner Institution gefördert. Da ich das Schreiben von Anträgen ohnehin für eine Verschwendung von Zeit halte und meine Erfolgsquote von Null mich in der Hinsicht bestätigt, sagt das allerdings wenig aus. Bei einer wichtigen Institution möchte ich mich dennoch bedanken, weil sie meine Recherchen enorm erleichtert hat. Es handelt sich um die Online-Bibliothek *library genesis*. Für wissenschaftliche Forschung ist diese Ressource derzeit unersetzlich. Die anonymen, weil kriminalisierten Macher*innen beschämen mit ihrer Arbeit, Texte frei zur Verfügung zu stellen, sämtliche Forschungsinstitutionen und Bibliotheken, die den digitalen Zugang zu Wissen noch immer im Namen des Eigentums verwehren. Wie es sich für eine Utopie einer geldlosen Ökonomie gehört, ist dieses Buch soweit es geht ohne ~~Geld~~ entstanden.

Berlin, Juli 2017